女人成功靠自己

收获平凡女人成功人生的真谛

东方慧子 著

陕西师范大学出版社

收获平凡女人
成功人生的真谛

女人成功靠自己

东方慧子◎著

陕西师范大学出版社

图书在版编目（CIP）数据

女人成功靠自己 / 东方慧子著. -- 西安 : 陕西师范大学出版社，2008.3

ISBN 978-7-5613-4159-9

Ⅰ. 女… Ⅱ.东… Ⅲ. 女性—成功心理学—通俗读物 Ⅳ. B848.4-49

中国版本图书馆CIP数据核字(2007)第184382号

图书代号：SK7N1218

女人成功靠自己

责任编辑： 周宏
装帧设计： 开言神韵
出版发行： 陕西师范大学出版社
（西安市陕西师大120信箱　邮编 710062）
印　　刷： 北京飞达印刷有限责任公司
开　　本： 889×1194　1/32
字　　数： 250千字
印　　张： 8
版　　次： 2011年11月第2版
印　　次： 2012年1月第2次印刷
ISBN 978-7-5613-4159-9
定　　价： 20.00元

前言

早在上个世纪末，就有人宣布“21 世纪将是‘她世纪’”，美国著名未来学家奈斯在自己的著作《女性大趋势》中说：“未来最主要的趋势之一，就是女人在改变世界的进程中，将会起着越来越重要的作用。”奥地利的《女性杂志》则直接对全世界宣称 21 世纪为“女人的时代”。

时至今日，越来越多的女性摆脱了男人们对她们的压制、封锁与驾驭，以最优秀的姿态崛起于各个领域里，与男人们平分秋色。

在政界、商界、学术界以及其他各行各业的优秀人群中，到处活跃着女性的身影，女性们熠熠的光辉，让男性世界为之震惊。

做个好女人，做个幸福女人、快乐女人，我的生活我做主，爱自己，这些成为她时代女人们共同的主题。

现代女人已经懂得，女人的幸福并非是男人给予的，而是自己定义、自己书写的，自己的成功掌握在自己手中，由自己来经营，女人与男人是完全平等的，有追求成功生活，走自己人生道路的权利。

但如何掌握经营自己的成功、如何让自己走进成功却是很多女性朋友困惑的问题。本书作者从经营自我、事业、心态、人脉、家庭、健康、魅力等方面进行了总结和剖析，指导女性朋友们以一种最智慧、最科学、最时尚的心态学会自我经营，学会紧紧地把握住你身边的成功与幸福。

本书的独特之处在于，作者没有像高深的社会学家那样，高高在上地说教，而是以一种交流与沟通的心态，坦然、诚实地与女性朋友们探讨对人生的经营和把握，引导女性朋友站在时代的前沿，用最本质、最科学的思路分析和解决问题，帮助女性朋友们形成正确的生活观、人生观和价值观，成为一个懂得和善于把握成功的智慧女人。

愿读者朋友们开卷有益，愿所有女性朋友们通过阅读，获得幸福与快乐。

CONTENTS 目录

辑1 自我：我的命运我做主

辑2 事业：自己来挣钱，自己去理财

辑3 心态：幸福是一种自我的心里感觉

辑4 人脉：给自己织一张“幸福的网”

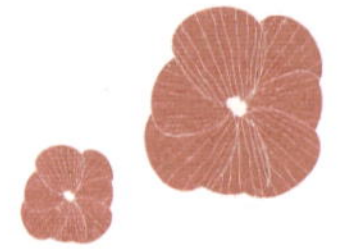

辑5 家庭：女人幸福的安乐窝

辑6 健康：女人幸福的基石

CONTENTS 目录

辑7 魅力：女人最具有吸引力的资本

辑 1

自我：我的命运我做主

自己做自己的主人

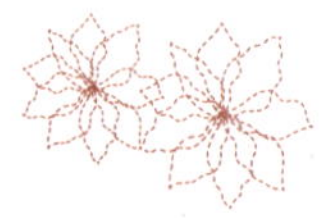

从母胎里出生那一刻起，伴着人生的第一声啼哭，女人就注定要开始一个不同于男人的一生。女人的一生，或者是跌宕起伏，或者是平平安安，也许上天早就为她画好了一生的轨迹。

嘤嘤啼哭的婴儿转眼就成了活泼可爱的小姑娘，一转眼，又成了亭亭玉立的少女。女孩在父母的呵护和教育下，进入小学、初中、高中上学。这个期间，好女孩的标准就是听老师的话，听爷爷奶奶的话，听爸爸妈妈的话，认认真真地念书，做一个好学生，一个乖乖女。

在家里，父母的权威至高无上；在学校，老师是不可置疑的人生导师；学习成绩是她生活中的阴晴表，三点一线的生活方式是她生活的全部。

离开父母，上大学之后，女孩就像是被放飞的小鸟。她终于长大了，她要去寻找属于自己的世界。她恋爱了，男朋友弥补了学习之外的空白，学习、吃饭、谈恋爱，单一却也有滋有味。

毕业了，工作了。一纸婚书结束了少女时代许许多多玫瑰色的梦境，她从女孩成长为温情脉脉的妻子，丈夫便成了她生命中的全部，心甘情愿为他洗衣、做饭、生孩子。

在幸福的缱绻之后，她的身体中埋藏了爱的种子，十月怀胎的辛苦，如同漫长的征途。她怀着幸福的期待，等待着那个痛苦而美丽的时刻，随着临产的阵痛，女人终于走进了生命中最为值得自豪的那个时刻——她成了含辛茹苦的母亲。从此，孩子成为她生命中的太阳，她要用自己柔弱而坚强的手臂，托起这一轮初升的太阳。

时光荏苒，当有一天，她的孩子领着一个陌生的人来到家中，准备成为这个家里新成员时，女人这才惊异地发现，孩子已经不再需要她了，而自己却已经两鬓斑白，青春不再。

女人的一生便是这样的起起落落，她们的一生，似乎是在一个舞台上扮演不同的角色。一幕还未落下，另一幕却要急着开场。有时还要一连客串好几个角色，演绎和体会着不同角色的酸甜苦辣、喜怒悲哀；但她们又不是演员，她们是生活的实践者，她们的剧本就是女人一生的命运。

女人在命运这场大戏中，忠实于自己的角色，快乐的是她自己，劳累的也是她自己。

当韶华流逝的时候，女人一生戏剧的大幕即将落下，女人可能意识到，女人终生演了许多的角色，自己一生的酸甜苦辣、喜怒悲哀都是为了别人，唯独没有自己，自己已经不知在何时、何地丢失了自己，她的这一生是从属的一生、奉献的一生、被动选择的一生、不能自主命运的一生。

著名现代作家张爱玲曾经在散文《爱》中，描写过一个命运不能自主的女子：

> 这是真的。
>
> 有个村庄的小康之家的女孩子，生得美，有许多人来做媒，但都没有说成。
>
> 那年她不过十五六岁吧，是春天的晚上，她立在后门口，手扶着桃树。她记得她穿的是一件月白的衫子。对门住的年轻人同她见过面，可是从来没有打过招呼的，他走了过来，离得不远，站定了，轻轻地说了一声："噢，你也在这里吗？"她没有说什么，他也没有再说什么，站了一会，各自走开了。
>
> 就这样就完了。
>
> 后来这女子被亲眷拐卖到他乡外县去作妾，又几次三番地被转卖，经过无数的惊险的风波，老了的时候她还记得从前那一回事，常常说起，在那春天的晚上，在后门口的桃树下，那年轻人。
>
> 于千万人之中遇见你所遇见的人，于千万年之中，时间的无涯的荒野里，没有早一步，也没有晚一步，刚巧赶上了，那也没有别的话可说，唯有轻轻地问一声："噢，你也在这里吗？"

张爱玲在这篇文章里，讲了一个女子被他人操纵、颠沛流离、悲苦辛酸的一生。女子即使遇到自己当年喜爱的人，也不能表达心中这份深深的情爱，只能轻轻地问一句："噢，你也在这里吗？"然后，被命运的手轻轻地拨开，到他乡流离，与自己心仪的男子就这么终生的擦肩而过。

自古至今，我们已经听说过太多的关于女性命运悲剧，她们如同水中的浮萍，在命运的狂风暴雨中逆来顺受，颠沛流离，不能自己掌握自己的命运。所以，人们喜欢用"藤"这种依附性很强的植物来比喻女人。

到了21世纪的今天，我们女性不能再满足于做一棵"藤"的命运，不用缠绕和依靠着别的东西生活，我们要为自己而活，掌握自己的命运，去热烈地爱，去努力地奋斗，去积极地争取，去勇敢地选择，去快乐地生活！自己做自己的主人。

美国国务卿赖斯就是这样一位完全能够掌握自己命运的奇女子，赖斯1954年11月14日出生于美国亚拉巴马州的伯明翰，1963年全家移居丹佛。赖斯的父亲曾任丹佛大学副校长，母亲是小学音乐教师，姑姑是维多利亚文学博士。优越的家庭环境使赖斯从小就受到了良好教育，她15岁时便成为丹佛大学的学生，学习英国文学和美国政治学。

她所崇拜的一位政治学教授是奥尔布赖特的父亲约瑟夫·克贝尔教授。在克贝尔教授的引导下，赖斯将东欧和苏联作为主要研究领域。19岁时，赖斯获得丹佛大学政治学学士学位。之后，她又分别于1975年和1981年获得圣母大学的政治学硕士学位和丹佛大学国际研究生院政治学博士学位。

1981年，年仅26岁的赖斯成为斯坦福大学的讲师。1989年1月，刚满34岁的赖斯出任乔治·布什总统的国家安全事务特别助理，开始了从政生涯。

作为布什政府中的俄罗斯问题专家，赖斯是有史以来美国政府中职位最高的黑人妇女。4 年期满卸任后，赖斯进入胡佛研究院任高级研究员。1993年，赖斯出任斯坦福大学教务长，她是该校历史上最年轻的教务长，也是该校第一位黑人教务长。

在2000年美国大选时，赖斯作为共和党总统候选人乔治·沃克·布什的首席对外政策顾问，为布什出谋划策。布什当选总统后任命赖斯为总统国家安全事务助理。她一直是布什总统的得力助手。2005年 1 月出任国务卿，她是继克林顿政府的马德琳·奥尔布赖特之后，美国历史上第二位女国务卿。

赖斯能讲流利的俄语，是俄罗斯（苏联）武器控制问题的专家。她思路清晰，能够在复杂的问题面前，抓住问题的核心，阐述能力极强，博学勤奋。她还学过 9 年法语，并能弹一手好钢琴，喜欢看体育比赛。至今仍然独身的赖斯并没有因为生命中缺乏另一半而逊色，她的生命在独立和勤奋中绽放出令人赞叹的光彩。

像赖斯那样精彩的生活对于普通女人来说，是可望而不可即的高峰，但是，每个女人都要为自己的命运负责。女人要为自己而活，活出生命中的灿烂和精彩，女人的生命会因此而美丽、芬芳。

没有独立性格，就没幸福人生

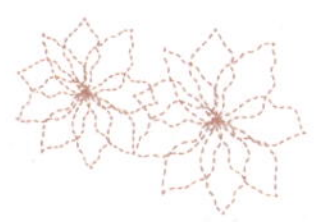

有人说过，没有经济的独立，就没有人格的独立，没有人格的独立，就没有完整的幸福。随着时代的发展，古代那种女性的“妻以夫贵，母以子贵”的一页已经被永远地翻过去了，只有独立的女性才能理直气壮地享受着自由生活的阳光和空气，才能得到别人敬仰和尊重，才能获得自己真正的幸福。

一个不能独立的女人是悲哀的，让人怜悯的，她们如同被关在笼子里的小鸟，即使有一天笼子打开了，她们还是要自己飞回来，钻进这牢笼，因为外面广阔的天地反而会让她感到不安全，永远无法摆脱这命运之笼的笼罩和摆布。

中国电影默片时代红极一时的影星阮玲玉就是一个令所有人扼腕叹息的例子。

阮玲玉幼年丧父，与给人做帮佣的母亲相依为命。1926年，阮玲玉16岁时与少爷张达民相爱，母亲阮妈也因此被女主人张太太赶了出来，张达民借机帮她们安排住所，天真无邪、渴望安宁的阮玲玉与张达民同居了。

很快，阮玲玉在电影事业上发展起来，她演的电影得到观众的喜爱，成为当红明星。然而她喜爱的张达民却嗜赌成性，不务正业，将家产败光后，把阮玲玉当成摇钱树。

阮玲玉一再容忍，但张达民不思悔改，忍无可忍的阮玲玉最终向他提出了分手。张达民还未从她的记忆中走远，茶叶大王唐季珊就迫不及待地闯进了阮玲玉的生活，他是个情场老手，垂涎阮玲玉的美貌和名气，以温柔多情为掩护，旋即阔绰又得体开明的唐季珊向阮玲玉展开了攻势，阮玲玉很快被征服了，成为豪门公寓里的一只金丝鸟。

阮玲玉的事业如日中天，《新女性》一片的公映后却使阮玲玉惹火烧身：张达民以旧事敲诈她，纠集小报记者极尽无事生非，并诬告阮玲玉与唐季珊伤风败俗，通奸卷逃，以致阮玲玉收到法庭传票。

这时，阮玲玉也受到唐季珊的责怪和冷遇，她去找《新女性》的导演蔡楚风寻求帮助，希望一起离开上海这个是非之地，但蔡楚生不愿担当这样的风险，断然拒绝了阮玲玉的求助。

她身边的这些男人，每一个都让她失望，陷入绝望的阮玲玉把几十颗安眠药倒进母亲为她烧的八宝粥里，她在1935年3月8日这一天，结束了25岁年轻而又美丽的生命。一代影后服毒自杀，年仅25岁的生命香消玉殒了。

一个刚刚绽放绚烂光芒的生命就这样一瞬之间离开了

这个让她失望的世界。其实，以阮玲玉当时的名声，在经济上是完全可以独立的，但令人可惜的是，她在精神上，却一直受到了来自男性世界的压迫，一个在精神上不能独立的女人，她的一切成功都将成为空中楼阁。

阮玲玉短暂的一生是悲剧的一生，似乎是她遭遇的这几个男人造成了这位一代天后的悲剧命运。但究其根源，阮玲玉的性格悲剧，是她的不能独立自主导致了自己悲剧命运的发生。

一个独立的女性不再依赖任何人，也就不再是男人的附庸，她们有自己的精神主张，有自己的经济基础，懂得照顾别人，也知道怎么爱护自己，她们宽容大度，会原谅别人对她的伤害，但也会捍卫自己的尊严。独立的女性是生活上的强者，也是精神上的巨人。

独立的女人是永不凋谢的花，永不倒地的树，只有完全独立的女性才能完全成就自己自强、自尊、自爱的幸福人生。

不要期望别人改变你的生活

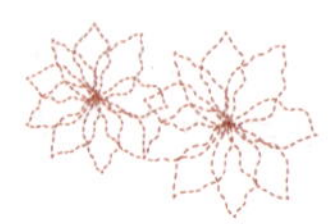

女人最希望过什么样的生活？曾经有一个大型网站就这个问题做过一个调查，调查结果显示，应答者对“女性应当依靠自己”的支持率最高。

通过对3042个有效跟帖的内容分析，调查发现，大多数应答者认为女人是独立自主的人，能够把握和掌控自己的生活，而不需要依赖任何人。

传说世上有一种无足鸟，天空成就它们最辉煌的时光，永不停息地飞翔就是它们的宿命。直到有一天，它们精疲力竭而坠落在地，才会休息，而这却是与天空的诀别。一种女人就是无足鸟，当她们决定投入自己心爱男人的怀抱时，就注定她们对事业的执著说“再见”。

怡曾经是一个非常有个性的女孩，她一直认为，不能因为谁，而放弃周围的朋友。有时候还认为和朋友们在一起，比和男朋友在一起还热闹、还开心。可是，连她自己也记不清，是具体哪一天，她发生了改变。也许这种改变是不知不觉的，她只记得，突然有一天，感觉一想到男朋友，就有踏实、安全的感觉，自己独处时，就感觉孤单、忧郁。她变得温顺，变得服帖，慢慢缩小了朋友的交际圈，慢慢降低了与朋友的联系频率。她开始依赖男友，而且依赖的程度越来越深。他们开始同居，她细心地照顾他的饮食起居，并且做他工作的助手，帮他查找资料，替他给客户选购礼物……

男友的事业风生水起，怡还以为她所做的一切都是值得的，以为这样男友会更加珍惜她。可是，失去自我的女人，总会失去曾经夺目的魅力。渐渐地，怡的男友变得不再像以前那样在乎他们的感情，变得不再像以前那样为她着迷。后来，在怡毫无察觉中，他离开了她，在她没有任何准备中，两个人分手了。

这时怡才明白，迷失自我是万万不行的。因为失去自我的女人总会失去曾经夺目的魅力。很多男人都太健忘，他会忘记你以前的灿烂与美丽，他会将目光移向别人，而对曾经与他海誓言山盟的你熟视无睹。

无论男人还是女人，谁都希望自己的生活更美好，可是这种美好只有通过自己的努力去换取才有意义，自己走出来的路才更坚实。

著名节目主持人敬一丹说过：“我不是什么成功女性，也不是什么女强人，只不过是干电视工作的，如果说还取得了一点小小成绩的话，不过是比别人多付出了一些汗水而已。回头看自己走过的路，我觉得每一个脚印里盛满了坎坷和踏实。”

从北京广播学院毕业后，敬一丹回到了家乡黑龙江，在省人民广播电台工作。因为经历过上山下乡的知青生活，她认为自己的文化底子薄，于是报考了母校的研究生，可连续两次都名落孙山。当时敬一丹已经 29 岁了，不想再这样折腾了，但就这样放弃，又有些不甘。那段时间，她一直闷闷不乐。敬一丹的母亲是个知识女性，鼓励她说："人的命运掌握在自己手里，真要想改变自己，什么时候都不晚。"

母亲的这句话，让她第三次走上了考场，终于在30岁的那一年她成为北广的研究生。拿到录取通知书时，她感慨万千：勇于改变自己，30岁，她的人生又有了一个新的开始！

入学不久，敬一丹结婚了，丈夫在清华大学读研究生。虽然有了家，但他们依然住在各自学校的集体宿舍里，一日三餐在食堂里吃饭，和单身生活没有什么区别。3年的苦日子熬过后，敬一丹留校任教了。一个女人在大学里当老师，工作既体面又轻松，收入也不错，而且有很多时间可以照顾家庭，很多人都羡慕她，但她对自己的生活状况并不满意，她觉得自己是学新闻的，更应该到一线去做更有挑战性的工作。

敬一丹33岁那年，中央电视台经济部来北广要人，经过面试、笔试和实践考核，她幸运地被录用了。当时来自亲友们的阻力很大，他们说她是头脑发热，都30多岁的人了，还瞎折腾什么。如果敬一丹听从了他们的意见，也许自己这辈子就会在北广做一名老师，永远过着波澜不惊的生活，如果那样，也许机会会从她的身边匆匆而过。

敬一丹最后的决定是，不管怎么样，不能让自己的人生留下遗憾，哪怕失败了，也无怨无悔。就这样，她在33岁的年纪走进了中央电视台，成为一名主持人。

中央电视台人才济济，竞争很激烈。她虚心向比她年轻的同事学习，经常在办公室加班加点到深夜，把每一项简单的工作当作重大的使命来完成。

付出不一定有回报，但不付出绝对没有回报。经过不懈努力，她不仅在中央电视台有了一席之地，还以自己的名字开辟了“一丹话题”这个专栏，这是全国第一个以主持人名字命名的节目，观众反映很好，这给她很大的信心。

一转眼，敬一丹就到了40岁。40岁，对一个女人来说，是道迈不过去的坎，尤其对女主持人来说，更是尴尬的年龄。那时每天早晨起床，她第一件事就是想到自己的年龄，每天患得患失，内心充满着苦涩和忧郁。

她把自己的困惑和烦恼向母亲倾诉了，母亲说：“丹啊，你不觉得这十几年来，你是越来越美丽了吗？每一个人都不可避免会变老，有的人只是变得老而无用，可是有的人却会变得有智慧有魅力，这种改变，不是最好的么？”

那一刻，她迷茫混沌的心豁然开朗，是啊，年轻女主持人的本钱是美丽和青春，而40岁的她，虽然青春和美丽已经不再，但可以靠自己的智慧、学识、修养和内在的气质来赢得观众的喜爱。年龄对一个人来说，可以是一种负担，也可以是一种财富。她改变了自己的心态，工作的热情又重新回来了，尽管她已40多岁了，但领导依然让她在栏目组里挑大梁。

总结自己的人生，敬一丹认为自己没有被命运和机遇特别垂青过，每一步都是自己踏踏实实走下来的。她特别感谢母亲，是她在那些关键时刻解开了她的心结，告诉她人生的方向应该把握在自己的手里。要想改变生活，首先改变自己。敬一丹说如果到了50岁、60岁，又有新的梦想在诱惑她，她依然会义无反顾地朝着它走去。好的改变，什么时候都不嫌晚。

勇于改变自己的女人是成熟的、勇敢的、睿智的，她们不把改变生活的愿望寄托在别人身上，而是勇于迎接生活的挑战，承担生活的责任。所以她们从来不会怨天尤人、自怜自艾，这样的女人，必定会拥有精彩的、美丽的人生。

自信是女人一生最珍贵的财富

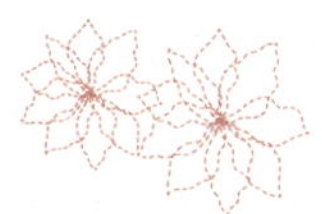

在生活中，我们时常见到这样的情况：某个女孩子满含泪水，向你絮絮叨叨地倾诉说，她男朋友对她没有从前那么热情了，哭诉她如何怀疑老公有了外遇；有的女性甚至躲在卫生间里偷偷地检查男朋友的手机短信；更有甚者开始悄悄地跟踪男友的行踪……看到这么多对自己不自信的女人，我不禁为她们感到悲哀。这让我想起一个从朋友那里听来的故事：

有一位名叫米切尔的姑娘，她的理想跟所有的妙龄姑娘的理想一样，找一位潇洒的白马王子结婚，然后，恩恩爱爱，白头偕老。充满憧憬的米切尔整天梦想着，周围的姑娘们都先后成了家，过上了自己想要的日子，她却一直无人问津，也从来没有遇到过让她心仪的男子。

可怜的米切尔就这样等啊等啊，一年一年过去了，当年的妙龄女子最终熬成了“大龄女青年”。于是，她整天自怨自艾，认为上帝对她不公平，认定自己的梦想永远不可能实现了。

米切尔的父母亲看到女儿变成这个样子，心里难过极了，于是想办法给她联系了一位著名的心理学家，希望米切尔能在心理学家的帮助下走出困境。

在家人的帮助下，米切尔找到了这位心理学家。第一次见面心理学家对米切尔印象深刻，握手的时候，她那冰凉的手指让人心颤，还有那凄怨的眼神，苍白、憔悴的面孔，都在向心理学家表明：我是绝望的人。

经过交谈了解后，心理学家沉思良久，然后说道："米切尔，我想请你帮我一个忙，我真的很需要你的帮忙，可以吗？"

米切尔很奇怪心理学家怎么会提出这样一个奇怪的要求，但还是将信将疑地同意了。

心理学家说："是这样的，我家要在星期二开个晚会，但我妻子一个人忙不过来，你来帮我招呼客人。明天一早，你先去买一套新衣服，不过你不要自己挑，你只问店员，按她的主意买；然后去做个发型，同样，按理发师的意见办。听好心人的意见是有益的。"接着，心理学家又说："到我家来的客人很多，但互相认识的人不多，你要帮我主动去招呼客人，说是代表我欢迎他们，要注意帮助他们，特别是显得孤单的人。"

米切尔听了心理学家的要求之后，一脸不安，心理学家又鼓励她说："没关系，其实很简单。比如说，看谁没咖啡就端一杯，要是太闷热了，就开开窗户什么的。"米切尔终于答应了，打算试一试。

星期二一到，米切尔就早早来到了晚会上，重新装扮后的米切尔焕然一新，发式得体，衣衫合身，简直跟换了一个人一样。

按照心理学家的要求，她尽职尽力，只想着帮助别人。她眼神活泼，笑容可掬，完全忘掉了自己心事，焕发出女人迷人的光彩，成了晚会上最受欢迎的女人。

晚会结束后，有3个男青年都提出要送她回家。

几个星期过去了，心理学家接到了一张结婚请柬，是米切尔发来的，原来那个晚会后，3个男青年都被米切尔的迷人光彩所倾倒，热烈地追求着米切尔，她最终答应了其中一位男子的求婚。

心理学家作为贵宾参加了他们的婚礼，婚礼像所有女孩子所梦想的那样又漂亮又隆重，成为新娘的米切尔美丽极了，整个婚礼都幸福的微笑着，人们都很感谢心理学家，说他创造了一个奇迹。

其实，一个女人最悲哀的时候，不是失去爱情或身材不好脸蛋不漂亮，而是你失去自信的日子。

年轻、爱情、婚姻、外貌都不是女人仅有的本钱，只有自信才是女人一生永不贬值的资本，只有自信的女人才是最美丽的。自信不分年龄，不论美丑胖瘦，也无贵贱之分，只要你认为自己美丽你就是美丽的。

二十岁的女孩是梦一般的年龄，就算素面朝天，走在人群中，你也能成为万人瞩目的一个焦点，不需要任何装扮就拥有出水芙蓉般的美貌和清新亮丽的气质，因为年轻就是资本。

三十岁的女人是一枝花，在科技高速发展的今天，女人不再是男人的附属品，女人有自己的思想与主见，独立性强，再也不需要男人养活。三十岁的女人学业、事业、阅历都有了，呈现出一种区别于青涩少女的成熟之美，三十岁成了女人一生最美的年华。相信自己，跟着时尚的脚步，带着自信的面容，一定会成为时尚的宠儿。

而进入四十岁的女人则已经修炼成精，这个年龄的女人历经岁月的磨砺，已经有了一定的内涵与修养，魅力和气质并存。虽然身体的状况开始走下坡路，但是，四十岁的姐妹一定记住一点，千万别让自己成为心里只装着“柴米油盐”的家庭主妇，只要学会保养和爱惜自己，坚信自己的实力，岁月也拿你无可奈何，你依然能够活力四射。

五十、六十岁的女人虽然身体已经有些变形，双鬓生出白发，脸上也布满皱纹，但这些是岁月从你身边走过留下来的珍贵记忆。正是因为有了这些珍贵的记忆，你的人生才能因此变得丰满多彩。当你躺在摇椅上自信地着翻阅从前的相册时，给你的儿孙们讲述自己年轻时的往事、宝贵的人生体验时，你的慈爱和豁达，向生命呈现出瓜熟蒂落之时的庄严和宁静。

自信是女人一生最珍贵的财富，即使她长相平平，身材一般，但是，你只要拥有足够的自信，仍然会焕发出迷人的光彩，仍然会折服身边的每一个人。所以，不管你今天是二十岁，三十岁、四十岁、还是五十岁，请昂起自信的头颅，让自信的微笑时常挂在嘴角，活出自己自信的风采。

自尊是女人灵魂的灯塔

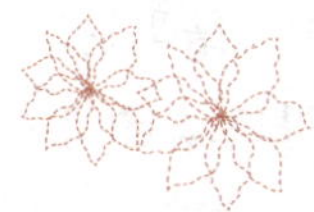

女人不管在物质上是贫穷的，还是富有的，外貌是丑陋的，还是漂亮的，地位是卑微的，还是显赫的，但只要她拥有自尊，她的灵魂就是高贵的。

曲小雪，中国留美女学生，创造了一个无依无靠的异国弱女子连续四年控告一个拥有巨大财富和势力，正在竞选市议员的美国银行家并且直至在美国法庭上取得胜利的神话。

曲小雪利用课余时间到一个美国老太太家里去打工，照顾老太太的日常生活起居。

在露意丝太太家里做工期间，曲小雪受到了老太太的侮辱和不公正待遇，曲小雪在提出辞职的时候，遭到老太太的银行家儿子爱德华的毒打。

曲小雪被打成髌软骨永久性挫伤、脊椎骨错位弯曲、严重脑震荡。爱德华反而恶人先告状，威胁曲小雪要控告她。于是曲小雪拖着伤痛的身子，开始了一个中国的穷留学生状告一个美国银行家的漫长而艰难的诉讼。

曲小雪四方求告，历经千辛万苦，终于找到了一个愿意承办这个案子的中国律师。当时爱德华正在竞选议员，他重金聘请了三个华盛顿的大律师。爱德华的这三位律师和开庭的法官多次要求曲小雪庭外和解，曲小雪坚决不同意。

于是曲小雪不断上诉。结果这场官司打了4年，而曲小雪始终威武不屈，最后使得这场官司一直由地方法庭打到了最高巡回法庭！

在最高巡回法庭上，曲小雪几次在陈述中，由于过分悲伤而昏倒。法官不得不宣布暂时休庭，让曲小雪稍事休息。等曲小雪苏醒后，继续开庭。

最终在铁证如山的事实面前，华盛顿三位大律师以他们专业的水准也没有帮爱德华打赢官司，最后法官不得不判被告赔偿原告5250美元，并当场向原告道歉。

爱德华当场向曲小雪道歉后，曲小雪接过华盛顿律师递上来的一张5250美元的支票后，她举着支票，向全场抖了抖，说："华盛顿的大律师，你们真不愧是法学界的权威，刚才被告不得不向我公开道歉之后，你们又非常及时地给我递上了这张支票，并且也是在法庭上公开地递给我。你们这样做，是想造成这样一种印象：这个中国姑娘之所以旷日持久地坚持要打这场官司，无非就是为了这张支票，就是为了这几千块钱。让人觉得钱是这场官司的目的，也只有钱才能为这场官司画上句号。你们以为给我5250美元，我就可以心满意足了，我就一定会感激涕零了吗？

我想请问三位大律师先生，要是一个白人被打成像我这样，你们能用5250美元就打发掉吗？前不久，一个白人老太太在麦当劳被烫伤一点嘴皮，索赔就60万美元！在你们眼里，中国人就这么不值钱！可你们错了，至少我这个中国人，当然还有许许多多中国人就决不会在你们美元面前低下自己高贵的头！我打这场官司，是为了讨回做人的尊严！我们来美国，大部分美国人是友好的，对我们平等相待，也给了我很多支持和帮助；就是在我打这场官司的4年里，也有不少美国朋友给过我帮助，我非常感激；但也有一些人，以为有钱就可拥有一切，有钱就可以歧视别的民族，有钱就可以为非作歹，有钱就可以伤害无辜，有钱就可以打赢官司。可我要告诉他们，有钱决不能收买我一个小小的中国女子的尊严！

我打这场官司，还想告诉这些歧视我们的先生们，别以为我们中国留学生漂洋过海到这里来，是来乞求施舍的，是来抢你们饭碗、赚你们钱的；是低你们一等的，是没有人格尊严的。不，我们留学生带到这块土地上来的是青春和智慧，带来的是奉献，我们并不比任何人差！在打官司的这四年里，我在极为艰苦的条件下，带着难以忍受的心灵和肉体的创伤，攻读了社会学硕士和电脑管理学博士的双学位。我完全可以自豪地说，我干得一点也不差！美元在我的尊严面前一分不值，见鬼去吧，美元！”

曲小雪将5250美元的支票一点一点地撕碎，抛向法庭的上空。

这个为了尊严而不惜一切代价的女子——曲小雪是美丽的，在尊严面前，她不再是那个柔弱的女子，也不再是弱势群体，即使是站在美国的土地上，她用她的自尊告诉全世界的人，在尊严面前，人人平等，尊严是无价的！

自尊，是作为一个女性能在这个纷繁复杂、尔虞我诈、物欲横流的花花世界里，不卑不亢、不依附于男人而有尊严地活着的精神动力。自尊是女人灵魂的灯塔。有了这个灯塔的照亮，才能在面对这个世界粗暴侵害的时候，保持一份坚定的力量。也因为有了这个灯塔的照亮，女人才能赢得别人真正的爱和尊重，生命才从此高贵而不再卑微。

做一个智慧的女人

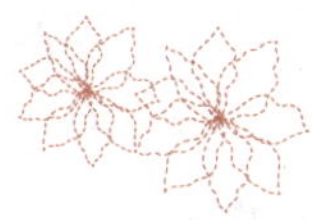

智慧对于女人而言是没有阶层高低、贫富贵贱、城市农村之分的。智慧的女人有着善良美好的心灵，她们善于平衡自己的心理，她们有一种处乱不惊、以不变应不万变的心态，她们有较强的领悟力，大至人生命运、小至日常生活，悟性使她们对大小问题懂得如何把握分寸，能够明智地抉择。

美国前总统夫人希拉里就是这样一位充满了智慧的女性，1947年9月26日，希拉里·克林顿出生在芝加哥，她有一个充满爱的家庭，她在快乐而温暖的家庭气氛中度过了童年。

幸福的家庭给希拉里奠定了一种对家庭、工作十分忠诚的信念，她从小就树立了将来要服务于大众的信念。

1969年，希拉里就读于耶鲁法律学院，在这里认识了同校的比尔·克林顿。大学毕业时，希拉里代表学生在毕业典礼上致词。她的致词非常精彩，客观地展现了希拉里非凡的口才，令全体学生站起来给她鼓掌，以致掌声长达7分钟。希拉里与比尔·克林顿1975年结婚，结婚后，她跟随克林顿来到阿肯色州，但是，希拉里始终没有自己的社会职务。她有自己的律师事务所，她是美国总统夫人中不多的有大学以上学位的人，在克林顿竞选总统之前，她就被美国律师协会评为美国最好的一百位律师之一。

在希拉里的协助之下，她的夫君成功地击败对手，在竞选中脱颖而出，成为美国总统。对于希拉里的才干，爱拿总统一家开玩笑的美国人喜欢讲这样一个笑话：有一天，克林顿望着熙熙攘攘的人群，自我感觉极好，他对身边的希拉里说："如果不是我，你能成为第一夫人吗？"

希拉里不紧不慢地反问一句话："如果不是我，你能成为美国第一公民吗？"玩笑归玩笑，但希拉里确实为克林顿的当选总统立下了不小的功劳。

然而，在美国做第一家庭可不是一件轻松的事，特别在克林顿第二个任期以来，各种麻烦不断，克林顿的"性丑闻"把他的家庭搞得焦头烂额，美国独立检察官斯塔尔的报告更是让克林顿在美国公众面前出尽了丑。

在巨大的压力面前，希拉里很好地控制了自己，对克林顿表现出大度和宽容，多次在公众面前表示要和克林顿风雨同舟、共渡难关。希拉里的态度赢得了大多数美国人的心，也使美国人对克林顿的同情与日俱增。据最近一项民意调查表明，70%的美国人认为，希拉里表现很好，堪称第一夫人的楷模。

她在丈夫克林顿卸职前一年的时间里，突然在纽约州买了房子，她也因此获得了纽约州的居民权，同时提出要竞选纽约州参议员。当时正是克林顿性丑闻后，右翼势力庆幸克林顿夫妇已被搞得极为狼狈、颜面尽失，根本不相信希拉里会在摔得最痛的时候站起来，为自己的政治事业奋斗。他们宣布，希拉里竞选本身就很荒谬，根本不可能获胜。进一步说，即使在大城市纽约能获得选票，但是在纽约上州的乡村，根本没有任何可能。

1999年是希拉里声誉最低的时刻，她决定竞选。在一年的时间里，她跑遍了纽约州的所有六十多个县，赢得了纽约上州和下州的共同支持。2000年11月，她创造了令人惊异的奇迹：她成功地赢得了选举，成为参议员，在丈夫的政治生涯停止的时刻，开始了自己的政治事业。

希拉里凭着自己非凡的智慧和政治才能，在参议院这个“老男孩俱乐部”里（大部分参议员是年纪偏长的男性）游刃有余，与很多过去曾经反对她丈夫的政敌合作，结果，这些政敌几乎都成了她的朋友，她得到了他们的尊敬和信任。

女人的智慧与出身、职业无关，它是从女人内在的气质，有了这种气质，可以让女人散发出耀眼夺目的光芒。

在不幸中学会坚强

世上不会有谁能够真正地打垮你，除非是你自己打垮自己。

有个快乐的女孩，性格开朗，说话特别的幽默风趣，她每到一个地方，都能成为让人注目的焦点，因为她脱口而出的笑话常常会让每个人都感染到她的快乐。大家都很喜欢她，但女孩背后却有一个鲜为人知的故事。

女孩母亲怀她的时候，已经是高龄产妇，不足月的时候，女孩就挣扎着来到人间，在医院里住了好几个月才出院。

女孩在5岁的时候，还不会说话。母亲带她去医院检查，医生告诉母亲女孩没有听力，母亲把女孩送往特殊学校学习。十几岁时，女孩借助听器终于能听到这世间的声音，过上了正常人的生活。

但是，就在此时，另外一件不幸的事情发生了，女孩在穿过马路的时候，被一辆呼啸而来的货车卷到了车底。经过医生的全力抢救，女孩的小命保住了，但她在医院里整整躺了两年。

躺在医院里不能动的日子里，女孩就问自己："为什么我就要经历这么多不幸，我的人生要有这许多的不如意？"

在痛苦的折磨中女孩很快就想通了，她相信：任何事情的发生，都是一种生命的体验。经历这么多波折的女孩在出院后，更加努力工作珍爱生活。她的坚强和乐观的精神深深打动了一个男孩，很快两人相爱了。沉浸在甜蜜的爱恋之中的女孩在单位例行体检的时候，被查出了患有乳腺癌，还好发现得并不是太晚，经过两次手术，女孩的两个乳房先后被切除了。

然而，女孩一直都坚信：凡事发生必有其目的，并且有助于我。

母亲看到女孩忍受一次一次人生的苦难，感觉对女孩很抱歉，母亲说："孩子，真的很对不起，让你经受如此多的苦难，如果当初不把你生下来，你就不会受这么多的苦了。"

女孩听了后，轻轻拉过母亲的手，擦去母亲脸上的泪："妈妈，我一点也不觉得苦。相反我觉得你把我生得太好了，因为这样，我今天才有这份热忱把自己的体验和经历与他人分享，化恐惧为力量，化压力为动力，让自己在经历每一个困难时，找到值得收藏的礼物。"

有人说，苦难是一架梯子，对于强者来说，它通向成功的殿堂，对于弱者来说，它则通向黑暗的地狱。我认为，任何一个女子，只要足够坚强，飞过苦难的天空，就会蜕变成美丽的蝶。

美丽的女人是一幅画，艳丽与典雅相宜；温柔的女人是一首诗，清丽与婉约相谐；坚强的女人则是一只为生命而放歌的荆棘鸟，尽管血泪斑斑，伤痕累累，但依然会唱出最凄美的歌。

坚强的女人是夏天怒放的花，是秋天醉红的叶，坚守于生命的枝头，展示最坚定最灿烂的风姿，快乐着自己那坚定温婉的美丽人生。

做一个感性与理性都兼有的丰富女人

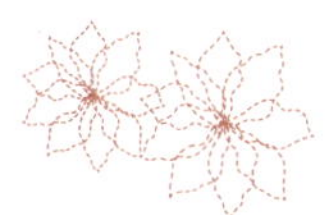

女人是感性的，大家都这么说，因为女人都爱做梦，尤其是愿意做爱情中的美梦，这时候女人会让感性把理性淹没。女人为了感情可以看淡一切，付出所有。感性让女人变得可爱，但是仅仅靠撒娇、温柔、吃醋，这样感性的女人，在没有了理性思维的支撑下，会失去理智，丢掉自我。而当爱情中虚幻、缥缈的美梦昙花一现般逝去的时候，才明白是感性让自己的情感受了伤害。所以说，感性能把人带到美梦的氛围里，感性让人发现生活的表面色彩，感性让人陶醉与麻木，感性也会让人悲哀。所以，感性之余，女人还是多一些理性好。

曹雪芹笔下的林黛玉、薛宝钗可以说是说各代表作家对于人性、特别是女性性格理解的两个方面版本，也可以称之为两极。

林妹妹对花流泪，对月伤怀，是个水晶心肝玻璃人儿，典型的感性代表人物。宝钗则截然不同，感情与理智，热情与冷静的良好控制，使她成为一个地地道道的理性美女。按理说，柔弱的林妹妹更能激起男人们怜香惜玉的心，可是在调查中，却有大部分现代男士表示薛宝钗才是理想的妻子人选。而在《红楼梦》中，沉着冷静、遇事清醒、克己复礼、行为豁达的薛宝钗更得贾母等长辈的欢心，最终胜了林黛玉，成为“宝二奶奶”。

那么到底什么是理性？理性是能看清楚事态和物质的本质，是人对待一切事物时理智、清醒、内涵、思想的成熟体现，有针对性地做出判断和决定的行为。

具有一定理性的女人，是最成熟、最完美的女人。作为女人，无论你有多么感性，切不可把理性彻底丢掉。无论感性让女人多么可爱，也无论感性会让女人得到多么多，都不要忘了理性。因为理性才能让女人成熟，理性才可以让女人免受伤害。所以，女人应该让自己努力做到理性、淡泊，做一个理性、精致的女人。

工作中理性的女人是强者，条理清晰、思路顺畅、做事雷厉风行、绝不拖泥带水，这样的女人领导欣赏，同事佩服，职场上自然是得到好评的。职场如战场，生存法则不进则退，在职场上无理性，感情用事，死多活少。

在情感上理性的女人，最懂得恰如其分。自重自爱，爱你的时候小鸟依人，不爱你的时候坦荡挥手，两不相欠。与理性的女子谈情说爱最安全，理性的女人不会钻牛角尖，就算爱情遭遇突变，也会不动声色，安定从容。拿得起放得下，扔掉一段失败的爱情，如同扔掉一个烫手的山芋。

理性的女人头脑清醒，永远都知道自己该做什么，不该做什么，所以很少做错事。理性的女人做错事时会对自己说：吃一堑，长一智，这样的事情绝不会让它发生第二次。理性的女人控制情绪的能力很强，很少会被大悲大喜的情绪感动，即使心中再多的难言和苦衷，总会找个没人的地方才敢偷偷地痛哭一场，绝不让人看到自己软弱的一面。

感性的女人善于经营家庭；理性的女人适合经营事业。总之，理性的女人是聪明而睿智的，感性的女人是可爱而温顺的，如若能将理性与感性融于一身，相得益彰，在拥有一个冷静而智慧的头脑的同时，再兼具一份女人的天真和妩媚，做个完美女人，岂不更妙！

播种性格，收获命运

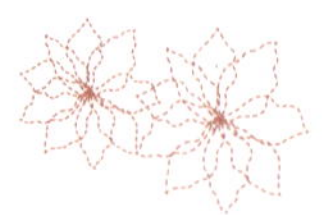

印度有句谚语："播种性格，收获命运"，什么样的性格将决定什么样的命运。性格是女人命运的最大筹码，是女人搏击人生的最大资本，它最大限度地影响女人的人生轨迹。它是潜藏在女人身上的一种巨大能量，既能将一个女人推向成功的巅峰，又有将一个优秀的女人沉入谷底的破坏力。

小莲失恋了，因为同在一个单位的男友移情别恋，另有了新欢，她再也不想在这个令她伤心的地方待下去了，带着一颗伤痛的心灵递交了辞呈。痛苦地消沉了半年后，小莲想开了，她决定重振精神，好好生活。

这一天，小莲买了份报纸，在报纸上她读到一幅占了很大版面的招聘广告，那是个妇孺皆知的国际品牌。公司位于本市最豪华的写字楼，优厚的薪金，海外培训机会。多么诱人！可是，财务就招1人，而且要3年工作经验！小莲毕业了仅仅1年，有戏吗？不管怎么样，小莲觉得只要有一线希望，她就想争取一下。

小莲从商店买了个大信封，回到租住的小屋，认真地写完简历，工工整整地用钢笔在大信封上写好地址寄了出去。

时间很快过去了，一周，两周，没有回音。刚开始小莲还有所期盼，慢慢地她也淡忘了这件事情。

有一天上午，小莲正在租住的小屋里写简历，突然电话响了，竟然是她几周前投简历的那家知名品牌公司的面试通知！

面试这天，小莲很激动，甚至有些忐忑不安。仔细化个淡妆，准时向那座豪华大厦出发了。自信！自信！一路上小莲默默地鼓励着自己。

很快来到那座大厦，大厦漂亮气派，出入这里的人们衣冠楚楚，小莲那身简朴的衣裙似乎和这里不太协调。但是小莲深呼吸了一下，鼓足勇气，上了电梯。

安静的办公室里，给小莲面试的是一个日本老头和一个中年男子。小莲还是那身简朴的衣裙，虽然有点紧张，但小莲很有礼貌，很得体地坐在宽大的黑色真皮沙发里，她略微前倾身体，仔细听清问题，认真回答。

日本老头问小莲在过去的工作中有无自己满意的成就时，小莲也认真讲述了自己曾经成功地帮助原单位老会计科长用excel工作表链接改进工作的事情。

日本老头对这个认真诚实的女孩感觉很好，就问了很多，两人谈了也很多。让小莲感觉不像是在面试，更像在聊天。半个多小时后，小莲兴奋地出了办公室，因为她并不多的工作经验告诉自己，既然主雇之间已经聊到这般境地，小莲的成功率几乎是百分百了。果然，三天后公司就通知小莲上班了，小莲以一位工作人员的身份迈进了这幢最豪华的写字楼。

后来，单位的同事告诉小莲说，之所以小莲能进这里是她那手工整的钢笔字帮了忙，那认真、一笔一画、一板一拍的字迹给了他们好感，日本老头认为这是做财务工作的人一定要具备这种一丝不苟的素质。在面试的时候，她认真、细致、礼貌的性格被进一步得到了证实，于是日本老头从上千个应聘者中挑中了小莲。

小莲之所以取得成功，就取决于她自己本身认真细致的性格。其实，古今中外，大凡性格良好的女人都成就了自己非常好的命运。历史上有“大脚娘子”之称的马皇后，以其温顺贤良的性格，充当丈夫朱元璋的“贤内助”，不仅默默无闻地扮演着贤妻良母的角色，并且协助丈夫取得了赫赫伟业；聪明灵巧的上官婉儿，凭借自己的聪慧，在杀人如麻的武则天身边，巧妙周旋，得以保全性命；高位截瘫的张海迪，以其独立进取、自强不息的性格，影响着我国一代人的心灵世界；英国政坛的撒切尔夫人，坚韧似铁，在风云变幻的英国政坛上运筹帷幄，享有了“铁娘子”的美誉……这些女性，都以自己的性格优势，完美着自己的人生，受到世人的敬仰。

完善的性格犹如女人身上的一块宝石，它足以让你光芒四射、美丽无比。但是，要想这块宝石照耀你的一生，是离不开你的经营和修补的。聪明的女性，就会在日积月累、世事变幻中，不断地经营和修补着自己的性格，让自己的性格日益完善。在性格不断完善的过程中，命运也因此而日益美好。

辑 2

事业：自己来挣钱，自己去理财

做个有分量的职场丽人

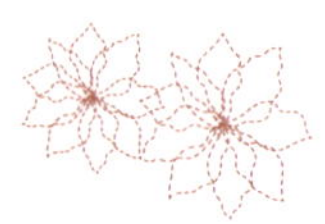

女孩琳是一个出色的职场丽人，有熟练的技能，工作也辛勤刻苦。但大家并不十分喜欢她，因为琳性格内向，不善言词，很少跟人沟通，简直就像个闷葫芦。大家都不愿意跟她一起工作。几次公司领导民意测验考核她，她得票都不高，导致她自己也很郁闷。

其实，仅仅靠熟练的技能和辛勤的工作，是不能在职场上出人头地的。尤其是在我国这样的一个人情大国，沟通是非常重要的。因此，能干固然很重要，但是跟同事搞好关系，懂得在关键时刻说适当的话，那也是成功与否的决定性因素。

如果一个职场丽人能够具有卓越的说话技巧，譬如讨好重要人物、避免麻烦事落到自己身上、处理棘手的事务等能力，不仅能让你的工作变得轻松自如，而且还能让你名利双收。

因此，做一个职场上的沟通高手，是需要修炼以下几点的：

◎ 责无旁贷

如果上司吩咐你任务，你要用责无旁贷的语气说："我马上处理。"冷静、迅速地做出这样的回答，会令上司直觉地认为你是有效率、听话的好下属；犹豫不决的态度一定不要出现在上司的面前，否则他会怀疑你的工作能力，并且怪罪你对他不够尊重。

◎ 婉约方式

有时候，自己本来手头上的任务就很多，这时，上司却又要给你安排新的任务。此时，你不如当下就推辞。不妨委婉地说："我了解这件事很重要。我们能不能先查一查手头上的工作，把最重要的排出个优先顺序？"

这样一来，你首先强调了你明白这件任务的重要性，然后请求上司的指示，为新任务与原有工作排出优先顺序，这样就可以不着痕迹地让上司知道你的工作量其实很大。若非你不可的话，有些事就得延后处理或转交他人。

◎ 从容不迫

如果你在第一时间里，得知一件非常重要的事情出了问题，千万不要慌张，手足无措的样子会让上司反感。此刻，首先要立刻让自己镇静下来，脑子里迅速旋转，如何向上司解释这件事。然后，进门后，冷静理智、从容不迫地向领导陈述事情的原委。别使用"问题"或"麻烦"这一类的字眼，并且要让上司觉得事情并非无法解决，只要"我们"一起努力，很快就能解决。即使事情再危急，你从容不迫的态度，是你非常自信的表现，上司会对你处理危急事件的能力表示认可，并且从情绪上来讲，对方也是一种感染，危机的事情也感觉能够解决了。

◎ 及时感谢

在工作的过程中，有些事情一个人是无法独立完成的，非得找个人帮忙不可。因此，找到对这方面工作最拿手的同事后，要学会送高帽给对方，并保证他日必定回报，得到同事的帮助后，一定要及时感谢，如，“多亏你帮忙啊，要不我自己完不成的。”“非常感谢你百忙之中相助。”……态度一定要真诚，这样一来，下次他也愿意再帮你。

◎ 承认疏失

在工作中，犯错在所难免，但是你陈述过失的方式，却能影响上司心目中对你的看法。勇于承认自己的疏失非常重要，推卸责任往往会引起上司的反感。你可以承认错误，但不过不必因此对每个人都道歉，诀窍在于别让所有的矛头都指向自己身上。坦诚能够淡化你的过失，转移众人的焦点。

◎ 巧妙闪避

有时候上司问了你某个与业务有关的问题，而你不知该如何做答，此刻，千万不可以说“不知道”。这时，你可以巧妙地说：“让我再认真地想一想，三点以前给您答复好吗？”这句话不仅暂时为你解围，也让上司认为你在这件事情上很用心，一时之间竟不知该如何启齿。不过，事后可得做足功课，按时交出你的答复。

◎ 坚决抵制

每个女性在工作的时候，大多都无意听到过男同事的黄腔，这些的确令人无法忍受。此刻，你可以大声地说一声：“这种话好像不大适合在办公室讲喔！”这句话保证让他们闭嘴。还有的女性受到男同事的骚扰，那样你大可义正词严地拒绝，即使他是你的顶头上司。

◎ 不卑不亢

有时候，自己苦心的成果却遭人枪毙是件令人苦恼的事。但是，即使有人批评修正你，你也不要将不满的情绪写在脸上。应该不卑不亢地说：“谢谢你的建议，我会仔细考虑的。”这样的表现，会让对方觉得你值得敬重。

事业是女人最好的化妆品

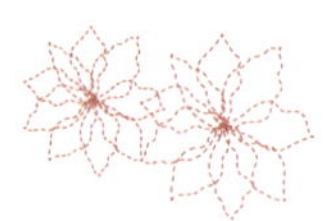

阿芳原本是单位里的一枝花，丈夫和她是同一个单位的同事。当年的阿芳温柔贤惠，人又长得漂亮，追求阿芳的小伙子有很多，阿芳挑来挑去，最后选中了丈夫。因为丈夫是当年研究生毕业的，每天一封情书追求阿芳，充满了浪漫色彩，让心高气傲的阿芳为之心动。

结婚后，阿芳果然像看上去的那样，对丈夫既温柔体贴，又贤惠持家，丈夫也很庆幸找到阿芳这样的女人做老婆，两人生活得甜蜜美满。

第二年，两人的爱情结晶降生了，儿子白白胖胖，使得这个美满的家庭锦上添花；并且丈夫也因为工作表现不错，又是单位里少数的研究生，被提升为科室主任。

科室主任官虽然不大，却是个比较实用的位置，并且丈夫也深得领导的信任，他们的小日子过得越来越富裕。此刻因为两人的父母都不能给他们看孩子，两人就商量着，阿芳辞掉工作专门在家带孩子，成了在家伺候老公、孩子的家庭妇女。

刚开始的时候，阿芳在家带带孩子，收拾家里，每天给丈夫做好可口的饭菜，等他下班吃饭，日子过得滋润而清闲。丈夫的官职也越来越大，不知道有多少姐妹羡慕阿芳找了个这样有能力的丈夫，可以不用上班这么辛苦，阿芳也乐得清闲。

但几年过后，孩子慢慢长大了，阿芳逐渐感觉到丈夫经常晚归，晚饭基本不回来吃，常常借故忙，回家也很少跟阿芳交流。

开始的时候，阿芳并不以为然，还以为现在丈夫的官职越来越大，应酬自然也越来越多。但终于有一天，有个远房亲戚跟她说，丈夫外面有了女人了，大家都知道，只有阿芳被蒙在鼓里。

一直还以为生活在蜜罐里的阿芳，一下子被打进了地狱。她不相信这种戏剧性的事情会真的发生在自己的身上。

于是，她在第二天，偷偷跟踪了丈夫。果然，她看到了丈夫被一个艳丽的女人挽着胳膊，从小车里出来，走进了一幢别墅。

阿芳已经不记得自己是怎么回家的了，回家已经是深夜。万分悲伤的她，怎么也想不到自己这几年辛辛苦苦地带孩子、持家，一切都是为了孩子和丈夫，到头来，竟然是这种下场。她拿过镜子，从镜子里看到的，是一个张憔悴的、毫无生气的脸，虽然这张脸的轮廓还是不错的，但却苍老、眼角布满了细密的皱纹，没有一点光泽，衣服也保守而落伍，完全就是个黄脸婆了。

让阿芳感到更可悲的是，自从她辞了工作在家带孩子以后，自己就没有与朋友交往过，她的世界里，除了孩子就是丈夫，别的什么都没有了。如今落到这个地步，竟然连个可以说话的朋友都没有……

其实，阿芳的悲剧在于走进了家庭后，就再也没有出来，生活在现在的社会里，一切每天都是在更新的，她不出来工作，整天把自己埋在那个小小的家里，信息闭塞而隔绝，思想和行为已经跟这个社会脱节了。

一项社会调查发现，有些女人结了婚之后，就放弃了工作。这些女性更容易被丈夫和社会所抛弃，因为如果每天丈夫在外面工作，而女人守在家里，女人就会因为没有出去交流，思想就会跟社会脱节，夫妻之间就可能会没有共同话题。并且，这种女性由于长时间缺乏跟这个社会接触，他们的精神压力会增大，没有了交际圈，时间久了，她的性格会很暴躁，从而更加缺乏魅力和吸引力。

另外，家庭女性的话题则全数围绕老公、孩子、日常生活用品以及过分地担心老公在外是不是有外遇的问题。由此可见，女人在没有自己的事业时，心里并不踏实，没有自信，也就容易产生一些乱七八糟的想法。

而职业女性的话题则多是健身、美容、旅游、购物、同事、人际关系等等，她们的生活是多姿多彩的，心理也要比居家女人健康得多。

因此，女人是不能没有工作的，工作让女人拥有了在这个世界上独立生存的资本，因为凡是在职场中工作的女性，每天都是神采飞扬、朝气焕发的，因为工作使她们视野开阔，他们的思想每天都是更新的，工作让女人年轻、自信，生活变得更加有条有理，跟社会的步伐更贴近，也让人充满活力。

只有多多参与社会活动，与外面的环境与事物接触，才能让女人一直保持聪明和才智。走出一味关注“柴米油盐酱醋茶”的琐碎生活，让新鲜事物充实自己的大脑，女人只有整日游走在职场当中，才能体会到工作的艰辛和压力，才能更理解事业中男人的烦恼。也许还能为他排忧解难，成为他心灵的支柱，只有这样的女人，男人才会感到你的重要性，能够从你的身上感受到强大的吸引力，他才不会离开你，去寻找新的红颜知己。

工作着的女人，才能更好地把握自己，获得从容、自信，从而变得更加妩媚、生动、光彩照人。女人从工作中获得报酬，加强自己的成就感，这让女人更加坚强，更加有勇气，有一份能够独立生活的自我认知，能够面对生活中的艰难困苦。

作为一个新时代的女性，为自己拥有一番事业而好好工作吧，因为，只有事业才会让女人一直处于时代宠儿的地位上，心态才会永远年轻，女人才会因而更加自信，充满活力。

选择适合自己的职业

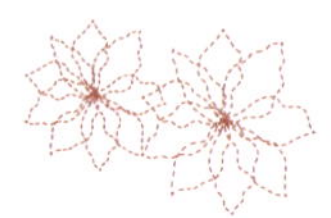

一个农村的女孩，高中毕业后没考上大学，被安排在本村的小学里教书。由于女孩不善于表达，课堂上，她给学生讲不清数学题，不到一周就被学生轰下了台。

女孩伤心地哭了，母亲为她擦了擦眼泪，安慰说，满肚子的东西，有人倒得出来，有人倒不出来，没必要为这个伤心，也许有更适合你的事情等着你去做。

后来，她又随本村的伙伴一起外出打工。不幸的是，她又被老板轰了回来，原因是剪裁衣服的时候，手脚太慢了，品质也过不了关。母亲又安慰伤心的女儿说，手脚总是有快有慢，别人已经干很多年了，而你一直在念书，怎么快得了？可以再试试别的工作。

女儿先后当过纺织工，干过市场管理员，做过会计，但无一例外，都半途而废。然而，每次女儿沮丧地回来时，母亲总安慰她，从没有抱怨过。

女孩三十岁时，做了聋哑学校的辅导员。后来，她又开办了一家残障学校。再后来，她在许多城市开办了残障人用品连锁店。现在，她已经是一个拥有几千万资产的老板了。

有一天，功成名就的女儿凑到已经年迈的母亲面前，她想得到一个一直以来想知道的答案。那就是前些年她连连失败，自己都觉得前途渺茫的时候，是什么原因让母亲对她那么有信心呢？

母亲的回答朴素而简单。她说，一块地，不适合种麦子，可以试试种豆子；豆子也长不好的话，可以种瓜果；如果瓜果也不济的话，撒上一些荞麦种子一定能够开花。因为一块地，总有一粒种子适合它，也终会有属于它的收成。

这个女孩最后的成功，除去自己的努力外，最大的功劳当属她的母亲，没有母亲对她的支持和鼓励，让她在各行各业中找寻最适合自己的职业，她就不会有几千万资产的今天。

每个人都是一片肥沃的土地，而适合这片土地生长的种子就是适合每个人成功的职业，只有合适的种子，此能收获让人满意的收成。因此，选择适合自己的职业来努力实现成功，就像寻找适合自己的种子播种一样，是至关重要的。

那么，作为新时代的女性，我们该如何选择适合自己的职业呢？在此，有以下几点建议：

◎ 性格决定职业

现在，很多用人单位在选人时出现一种新观念。他们认为，性格比能力重要。其原因是，如果一个人能力不足，可通过培训提高；但一个人的性格与职业不匹配，要改变起来，就困难多了。因此，你的事业成功与否，与你的性格与职业的匹配密切相关。简单地说，如果你是一位典型性格内向的人，选择营销工作，是不会有好业绩的；如果你的情绪易激动，控制力较弱，就不能去玩股票。

一般而言，内向性格的人有耐心、谨慎，适合做类似研究的工作，如艺术家、医生、科学家、技术人员、工程师、编辑、会计师、打字员、程序设计员等；而外向性格的人爱好交际，善于活跃气氛，适合做与人交往的工作，如政治家、记者、人事顾问、警察、管理人员、律师、售货员、推销员等。

◎ 兴趣匹配职业

在选择职业时，兴趣是必须要考虑的重要一点。在学习中，有人说兴趣是最好的老师，而在工作中，兴趣是一切的动力和支持。如果一个人选择的职业与自己兴趣吻合，那么枯燥的工作也会变得丰富多彩、趣味无穷。如果一个人的兴趣与职业不吻合，那么这个人的工作就始终是被动的，就很难有好业绩，更不会有成功的人生。

有的人对研究自然知识感兴趣；有的人对历史、古玩感兴趣；有的人对时尚流行的东西津津乐道；有的人兴趣倾向于体育世界；有的人更喜欢活跃于人际关系领域；还有的人喜欢传道授业解惑；还有的人喜欢刺激冒险，走遍大江南北……而不同的职业也需要不同的兴趣特征，一个喜欢旅游探险的人，让她去图书馆当馆长，她也不开心，而一个不喜言词，喜欢书本理论的人，让她去做销售，也可能做不好。

因此，在选择自己的职业的时候，兴趣是构成选择职业的重要依据，最好将兴趣与职业吻合起来。

◎ 特长配合职业

在选择职业时，还要特别注意特长对职业的影响。这里的特长并非兴趣，兴趣是一个人对某项事物的爱好，而特长则是一个人对某项事物的擅长和比别人更要突出的成绩。

比如，有的人思维缜密，善于推断，这样的人可以当警察、律师、法官甚至写侦破小说；如果有的人想象力极其丰富，又擅长文字表达，那就可以当作家；如果她天生喜爱小孩子，又有耐心，还可以唱歌、跳舞，那么，幼儿园老师就很适合她……因此，如果将特长和职业配合起来的话，一个人所达到的成就将高于一般人，比一般人更能成功。

有人说，一个合适的职业对于一个人来说，就像鸟儿需要飞翔一样，你的职业就是你飞翔的翅膀，有了翅膀，才能让你飞得更快更高。因此，选择合适的职业，带着你的梦想，像鸟儿一样的飞翔吧。

决定女人事业有成的8个关键细节

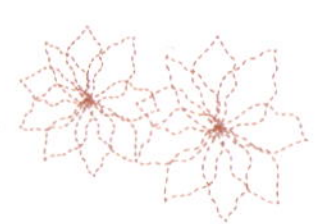

如果女人要想在事业上获得成功，以下8个细节将对她们有很大的帮助，所以必须牢记：

（1）拥有熟练的业务知识。如果你想事业成功并进入公司主流群体，那么你首先就必须拥有熟练的业务知识。只有这样，你才能出色完成上司交代给你的工作任务。

业务知识不同于在学校里所学的死知识，熟练的业务知识必须依靠自己的实践经验。当上司分配你某件工作时，你必须进行事前的准备，也就是拟定工作计划，无论是实际做出一个工作计划表，或仅有一个腹稿。总之，你需要对整个的工作排出日程、进度，并拟定执行的方法等。如此才能提高工作效率，才能成为上司眼中的好职员。

（2）在预定时间内完成工作。随着社会的快速发展，时间成为越来越稀缺的资本。时间不仅仅是金钱，更关系你事业的胜败。拥有良好的时间观念是女人成功的第二个关键的因素。

一个具有时间观念的女人是受欢迎的，尤其是工作时，更需要自己按时保质地完成上司交代的任务。一项工作从开始到完成必须有预定的时间，而自己必须在这个规定的时间内将它完成。如果自己偷懒，借故拖延，上司对你的信任力就会大打折扣。

（3）及时运用智慧。无论是谁都无法保证在工作上一帆风顺。工作中遇到困难与挫折在所难免，这时最重要的是自己不能半途而废，甚至是因为逃避而将其置之不理。这些做法都会使上司对你的看法大打折扣，自然也就很难去赏识和提拔你了。

工作遇到困难时，不能坐以待毙，不然昔日的良好表现就会付之东流。此时，及时运用自己的智慧，或许只要你一点构想或灵感便能解决困难，使得工作顺利完成。

（4）工作时间内避免闲聊。聊天是人生一大享受，即享受沟通带来的快乐。然而工作的闲聊虽然可以让你享受一时的快乐，不过它却为你的事业发展带来潜在的危机。

工作中的闲聊不仅仅会影响你的工作效率、工作进度，同时也会影响其他同事的工作情绪，甚至妨碍工作场所的安宁。如果不慎被上司发现，不仅会遭到上司的责备，同时也为自己的事业发展埋下前进的陷阱。

（5）保持办公桌的整洁。每个人的行为、性格会有许多外在的表现。“几案精严见性情”，有人说，可以通过办公桌摆设洞悉出一个人的办事效率及态度。凡是让桌上物品随意搁置，显得杂乱无章的人，那么这个人的办事效率一定不高，工作态度也极为不认真。

相反，如果其办公桌收拾得井井有条，那么就可以判断出她是一个工作态度谨慎、办事讲究效率的人。事实也是如此，清洁的办公桌可以让自己保持一个好的心情，也可以提高自己的工作积极性。最重要的是，它可以给上司留下一个良好的印象。对自己打入主流群体的梦想大为有益。

（6）离开工作岗位时收拾资料。有时工作进行一半，因为上司召唤，客人来访，或其他临时事情而需暂时离开座位时，需要将资料收拾妥当。即使时间再短促，也必须将桌子上的重要文件或资料等收拾妥当。或许有人认为，反正时间短促，不必那么小题大做，其实很多问题的发生都是在你意想不到的时刻。如果自己保管的资料被公司以外的人看到了公司的机密，那才会“吃不了兜着走”呢！

（7）外出时须保持警惕。商务间谍已经不再是什么新鲜名词。如果由于自己的不警惕而导致公司业务机密泄露，可谓是罪责难逃。

作为公司的女职员，免不了因为公事而外出。当外出搭乘交通工具时应提高警惕，留意自己的举止。即使在上班以外时间与朋友见面，也应避免谈及公司的事情；更不能将与公司有关的文件遗忘在外出地点；当对方问及与自己公司有关的事情时，应该采取避重就轻的回答方式。

（8）琐事也要有耐心。因小失大是一个耳熟能详的成语，其中就反映出小事的重要性。面对工作中的各种琐事，自己要有足够的耐心，千万不能马虎大意。

一个缺乏工作经验的女人不要期望公司会把重要的责任交给自己来做。每个人工作的初期都免不了要做一些儿很琐碎的小事。如果自己是一个雄心勃勃，想在事业上有一番作为的青年女性，这种琐碎的工作往往让其觉得自己被大材小用了。于是，不满之心油然而生。

这里需要提醒你的是，此时无论自己有多么不乐意，也不能让这些想法溢于言表。俗话说得好“一屋不扫何以扫天下”，想要打入公司主流群体就必须经得起琐事带给自己的考验。

融入团队，让自己更有力量

一天，一个小男孩在他的玩具沙箱里玩耍。沙箱里有他的一些玩具，小汽车、敞篷货车、塑料水桶和一把亮闪闪的塑料铲子。

在松软的沙堆上修筑公路和隧道时，他在沙箱的中部发现一块巨大的岩石。小家伙开始挖掘岩石周围的沙子，企图把它从泥沙中弄出去。他是个很小的小男孩，而岩石却很大。手脚并用，似乎没有费太大的力气，岩石便被他边推带滚地弄到了沙箱的边缘。不过，这时他才发现，他无法把岩石向上滚动、翻过沙箱边墙。

小男孩下定决心，手推、肩挤、左摇右晃，一次又一次地向岩石发起冲击，可是，每当他刚刚觉得取得了一些进展的时候，岩石便滑脱了，重新掉进沙箱。

小男孩只得哼哼直叫，拼出吃奶的力气猛推、猛挤，但是，他得到的唯一回报便是岩石再次滚落回来，砸伤了他的手指。最后，他伤心地哭了起来。整个过程，男孩的父亲从起居室的窗户里看得一清二楚。当泪珠滚过孩子的脸庞时，父亲来到了跟前。

父亲的话温和而坚定：“儿子，你为什么不用上所有的力量呢？”垂头丧气的小男孩抽泣道：“但是我已经用尽全力了，爸爸，我已经尽力了！我用尽了我所有的力量！”

“不对，儿子，”父亲亲切地纠正道，“你并没有用尽你所有的力量。你没有请求我的帮助。”

父亲弯下腰，抱起岩石，将岩石搬出了沙箱。

工作中，很多事情我们无法一个人独立完成，因为一个人的力量毕竟是有限的，只有借助大家的力量才可能成功。因此，要学会借力，学会团队协作是一件非常重要的工作能力，要想具备良好团队协作的精神应做到如下几点：

◎ 胸怀放宽

只有能容天下难容之人，容天下难容之事的人，才能与任何人合作。优秀的员工不但能欣赏、学习别人的长处，更重要的是，要能够适应不同的环境，容纳别人的不足，同时还要能听得进别人的意见和建议。只有这样，才能让所有的人拧做一团，具有“一根筷子容易断，一把筷子断就难”的力量。

◎ 尊重和帮助别人

要想建设和谐团队，和谐的人际关系是基础，要想建设和谐人际关系，需要人与人之间的相互尊重和帮助。

在一个团队之中，只有相互尊重对方的人格，尊重对方的想法和建议，尊重对方的劳动成果和汗水。只有这样，才能集思广益，心往一处想，劲往一处使，整个团队才能爆发出强大的战斗力，因此也能实现自己的最大价值。

◎ 把自己的利益放在第二位

如果把自己的利益放在第一位，你就很难有很好的团队协作。必须要有长远眼光，不能计较面前的蝇头小利。只有轻一己之利，重团队、他人之利，个人利益永远服从于团队利益，这样才能使自己的团队越做越强，越做越大。

◎ 公正做人，诚信做事

团队协作并非人云亦云，不能任何人说得都正确，任何人的吩咐都照做，要有自己的判断，原则性与灵活性相结合，争取公正做人，诚信做事。不能做“墙头草”，如果人没有原则，让别人觉得没有安全感和责任感，会产生不可靠的感觉。

◎ 谦虚谨慎，勇于承担

在团队中，要谦虚谨慎，认真做事，但凡自己犯了错误，便要勇于承担责任。推卸责任，却又夸夸其谈、不干实事、居小功而自傲是最让人瞧不起的。所以，团队精神中，谦虚谨慎的作风和勇于承担责任的精神是相当重要的，它是在团队中做人做事的基础。

专注的女人最美

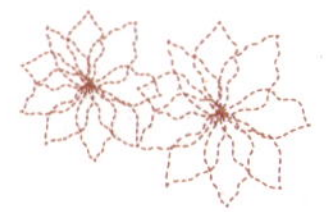

在“时间就是金钱”的现代社会里，一个具有时间观念的女性是非常受欢迎的。对于一个职业女性来说，在预定的时间内完成工作是一种必要的职业素养。一项工作从开始到完成，必定有预定的时间，而你必须在这个时间内将它完成，绝不可借故拖延，如果你能提前完成，那是再好不过的了。

晓黎是个自由撰稿人，喜欢给一些杂志或报社写稿。每次谈好约稿时间，在初期的日子里，晓黎从来都不认真工作，总认为不用着急，时间还早。结果，到了快交稿的时候，晓黎就着急了，忙忙活活得找资料、写稿子。每次交上稿子后，就搞得自己筋疲力尽。发誓下次接稿子后，早干活，争取不让自己再这样拼命地赶。但到了下次，她好像又忘了上次自己的誓言，照样再开始的是玩游戏，然后又是一场拼命地熬夜赶稿子……

终于有一天，晓黎住院了，检查结果是胃溃疡。因为赶稿子的时候，她吃不下东西，靠咖啡和抽烟的刺激来熬夜，身体终于因精力透支倒下了。

晓黎之所以累倒，就是因为自己的工作方法不正确，没养成很好地工作习惯。一个好的工作习惯，不仅会有事半功倍的效果，而且能赢得同事和上司的好感，为自己的工作成绩添砖加瓦。反之，不好的生活习惯，不仅不利于自己干出成绩，还有可能会像晓黎那样，付出健康的代价。

有人说，好习惯可以改变人的一生。因此，养成好的工作习惯至关重要。

◎ 列好工作任务的清单

工作中，要养成列好工作任务清单的习惯，以便工作早做安排。这样，就知道今天自己要干的事情，每天对自己要干的事情心里有数，做好工作计划，按时完成任务。

◎ 按照事情的重要程度来做

曾经有位经理人说，他最喜欢的是具有两种能力的人。第一，能思想；第二，能按事情的重要程度来做事。因此，懂得按事情的重要程度来做事的人才是明智的。

◎ 要有一定的工作方法

每隔几个小时而不是每隔10分钟查看一次电子邮件；要求将会议安排在你方便的时候召开。只有这样，你才不会被那些意想不到的电子邮件和会议打乱你的工作计划，导致你工作不能及时完成。

另外，可以在下班一小时前将电话铃声调响。在一天的正常工作结束后，将打进来的电话转到你的语音邮件系统中。这样做既可以保证你在正常工作时能够专心致志地处理紧急事务，又能够使你不用工作到很晚。

◎ 提高白天的工作效率

很多女性白天工作效率不高，尤其是文字工作者，常常要拖到晚上来加班加点，甚至熬夜才能把工作做完，这样容易引发恶性循环，工作到很晚通常会使你起得晚，然后又导致你要工作到很晚，如此循环。因此，尽量提高白天的工作效率，工作尽量在公司做完，不拿回家做。很快，你就会发现晚上回家不用工作还能早早地上床睡觉时，是多么幸福的事情。

◎ 不要在上班时间干私事

有些员工在公司的上班时间里，放任自己网上聊天，打电话给朋友等，这些都是不好的工作习惯。除了必须直接与人交谈才能有效运作的事情之外，可以依靠电子邮件，许多日常的交流通过电子邮件就可以完成，不一定非得打电话，使用电子邮件可以使你避免打电话聊天。否则，会让你在工作时间内完不成任务。

◎ 检查你的技术设备

“磨刀不误砍柴工”，要经常对电脑和办公设备进行升级，这样它才可以使你更为有效地工作。要充分利用自动化手段。充分利用办公自动化设备和应用程序来完成工作任务，会减少手工操作，使你获得更多的时间。

◎ 将办公桌整理条理

不要把办公桌弄得乱七八糟，最好只留下和你正要处理的有关问题。否则光是看见桌子上堆满了还没有回的信、报告和备忘录等等，就足以让人产生混乱、紧张和忧虑的情绪。

更为要命的是，如果东西摆放没有条理，发生一件紧急事情，你急需一份重要材料的时候，竟然翻遍办公桌都找不到，不抓狂才怪呢！

◎ 今日事，今日毕

假如你今天确实很累或者有这样、那样的原因不想工作了，那就想现在休息一下吧，这个事情明天再做吧，那么你就要利用明天的时间来做本该今天要做的事情。

这样明天的事情又要被推迟到后天来做，那么后天的事情呢？大后天的事情呢？以此类推，你每天的事情都无法正常完成，因为你每天要首先完成昨天的事情，导致你好像永远都完成不了今天的任务。所以，克服惰性，做到今日事，今日毕。

施展办公室美人的魅力

办公室是个很特别的地方，女人要想建立良好的人际关系，得到上司的重视，光靠埋头工作是远远不够的，你还要充分利用女人的优势，展现你优雅得体的内涵和魅力：

◎ 保持妆容干净整洁

作为女性，不管在任何场合，一副干净整洁的妆容不仅是对自己的尊重，更是对别人的尊重，办公室更是如此。因此要注意：化妆不要太过浓艳，淡妆容最为适合；发型要大方、干练，有刘海儿的要注意不要让刘海遮住眼睛和脸，头发保持干净整洁，不要使用太多发胶；手要尽量保持干净白皙，指甲不能太长，不要在办公室里修理指甲，用指甲油应采用不浓艳的颜色为佳。

◎ 服饰要符合公司的气氛

女性服饰的穿着应该符合公司的气氛，有人说，看女职员的穿着，就能判断公司的气派和规模，的确如此，女职员的服饰很多时候代表着公司的形象。

因此，如果公司的气氛比较严谨、保守，你的服饰就要正规传统；如果气氛比较宽松，你的服饰也不必那么中规中矩的，就可以自然、休闲一些，不用那么保守。个性夸张的服饰适合逛街或出席一些个性场合，低胸衣、迷你裙等不宜在办公室里出现，职业女性在工作场所要避免穿比较暴露的衣服出现在办公室里。

最好的办法，就是在上班的第一天，就仿效同公司的女性，穿一身跟大家相似的衣服，这样，不仅不会在衣服上出现问题，还能更快更好地融入集体。

◎ 说话要有礼貌

礼貌是对别人最起码的尊重，也是一个有素养的女性必须具备的基本礼仪。在跟上司、同事、客户交谈的时候，要尽量用“您”、“请”、“谢谢”、“辛苦了”、“对不起”、“走好”等这些最基本的礼貌用语。

◎ 经常保持微笑

微笑是一个女人最好的法宝，一个经常微笑的女性具备很强的亲和力，很容易就能赢得别人的好感。不管刚到公司，还是已经是老员工，经常微笑不仅会让自己保持一份轻松愉悦的心情，也会给别人带来美感。

◎ 接打电话的声音要柔和

在职场工作，是离不开接、打电话的，而你在接听电话的时候，你所代表的角色已经不是你个人，而是整个公司的形象。所以，不仅要使用文明用语，还要讲究礼貌、音调适中。柔和、温柔的语调能给人留下更深、更好的印象。

另外，电话响时要尽快接听，尽量不要让电话响声超过三声；接听电话说话要简洁明了，时间不宜过长。聪明的女性会在电话机旁放一些小纸片和笔，以便对每一个重要的电话都做详细的电话记录，包括来电话的时间、来电话的公司及联系人、通话内容等，这样做会给上司留下一个非常深刻的印象，这对初入职场的女性朋友来说，尤其重要。

◎ 不做与工作无关的事

在任何一个工作岗位，上班时间都不要做与工作无关的事。比如，有些女性为了节俭，常常用办公室电话打私人电话，甚至煲电话粥。这样不仅影响自己的工作进度，也会影响工作电话打进来。还有的女性喜欢用电脑聊天或打游戏来消磨时光，这都是非常不好的习惯。即使你的工作能力很强，把一天的工作早早完成，但也不要利用工作时间做自己的私事，否则，你在上司心中的形象将会大大降低。

◎ 真诚地道歉

在工作中不小心冒犯别人，也是很正常的事情。如果发生这样的事情，就要真诚地道歉，哪怕责任不全在你，如果你主动道歉，反而显出你的大度和宽容，为你赢得人缘。

让上司赏识你

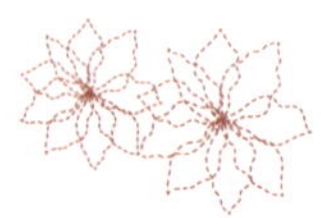

凌是一位职场女性，她经常向朋友哭诉自己的委屈，她工作非常努力，每次都能把任务完成，做事情也细致认真。但不知道为什么，凌的顶头上司好像就是不喜欢她，对她的努力总是视而不见，让凌感觉他就像是一个冷冰冰的机器人。

原本凌以为上司原本就是个如此呆板的人，结果，有一次竟然看到上司跟别的部门的同事有说有笑的，这让凌的自信心和工作动力很受打击。因为上司从来不与凌交流工作以外的事情，更谈不上有说有笑的交流场景。

有时候，即使你的工作完成得很好，你的业绩也不错，但你的上司也有可能不喜欢你。要想让上司赏识你、器重你、提拔你，也需要你来努力经营：

◎ 主动汇报工作进度

管理学上有句名言："下属对我们的汇报永远少于我们的期望"。所以对上司来说，上司都是希望从下属那里得到更多的汇报。因为上司心中往往有些疑虑：下属每天好像都很忙，但又不知道他们在忙些什么，又不好意思经常去问。

因此，做下属的一定要主动汇报自己的工作进度，让上司放心，不要等事情做完了再讲。并且在工作进度过程中，如果出现什么错误，也可以得到及时的纠正和修改，以免到最后错误不可弥补。另外，经常地向上司汇报，让上司知道你的工作进度，让他放心，才能让他对你产生好感。

◎ 注意回答上司的询问方式

据凌回忆，自己刚接触上司不久，有一次自己正忙着赶一个报表，正忙得昏头昏脑的时候，上司对凌说："凌小姐，昨天下午说过的那个报表今天一定要交给我。"凌低着头回答说："知道了，经理，你没看到我在写吗？"事后凌也觉得自己的回答有失妥当，但已经后悔莫及。

因此，回答上司的询问一定要注意回答方式，上司问你话时，你一定要做到有问必答，而且回答一定要详细，让上司清楚地了解情况。

你回答的比上司问的要多，可以让上司放心。另外，当上司进来问我们话时，我们应立即站起来回答，这是基本的礼貌。

当时，凌应该立即站起来，回答："经理，我正在做，已经快做完了。半个小时后，我就给您送到办公室去，请放心。"

◎ 接受任务时毫无怨言

公司常常会有临时事件发生，这样也就会临时跳出一些事来需要立即处理，上司肯定要给下属临时安排任务。即使是在你马上即将下班的时刻，对于上司分派的任务，你也不要有丝毫的怨言，你如果兴高采烈地地接受并完成了这项工作，你的上司会非常地感激你，他即使当时不说，也会利用另外的机会表扬你、奖励你、回报你。

◎ 跟得上上司的思维

做下属的，脑筋要转得快，不仅要努力地学习知识技能，还要向你的上司学习，这样才会听得懂上司的言语，要跟得上上司的思维。一般情况下，上司说出一句话时，你应能大概知道他的下一句话要讲什么才行。上司能做到这样的位置，肯定有自己的独到之处，积极向他学习，不断充实自己，才会提升自己，获得上司的赏识和提拔。

◎ 了解上司的喜好

每个人都会喜欢听到一些赞美的话，你的上司也不例外。经常恰如其分而不留痕迹的赞美他几句，会起到意想不到的效果。

此外，对上司的工作习惯、业余爱好等都要有所了解。这样可以胸有成竹地与上司交流，可以在闲暇之余，请教几个简单关于他业余爱好中的问题，他一定会向你侃侃而谈，由此增进了你与他之间的感情。

◎ 不要在同样的地方跌倒两次

有个女孩去一家公司应聘，老板给他们所有的面试者出了一个问题 :“在你以往的工作中，你犯过多少次错误？”

有些人回答自己没有犯过错，有些人说很少犯错。女孩比较诚实，就把自己犯错的次数如实回答了。结果女孩成了犯错

次数最多的人，女孩心想，这下完了。结果，她被通知被录用了。女孩非常奇怪去公司报到了。开始工作前，老板交给女孩一本《错误备忘录》，嘱咐道："你犯过的错误都属于你的工作成绩，但是你要记住，同样的错误属于你的只有一次。"

人非圣贤，孰能无过？不论多么优秀的员工也肯定是要犯错误的，但聪明员工的可贵之处是能在每次犯错误之后，接受教训，及时总结经验，同样的错误绝不犯第二次。

◎ 上司有时也需要你的帮助

上司也是人，在工作中难免出现失误，如果一旦发生了这样的事情，千万不要持幸灾乐祸的态度，或者冷眼旁观，这会令他极为寒心。如果这时你能体谅上司的处境，并且在他需要的时候伸出援助之手的话，你定会得到上司的信任，以后也会对你另眼相看。

◎ 生活细节要注意

在公众场合遇见上司，不要佯装没看见而避开，也不要表现得特别热情，礼貌地道声"您好！"就可以了。

不要滥请病假，应考虑到自己缺席给他人带来的影响，如真的需要请假，请一定如实申报。

不要在工作时间打私人电话，否则你的形象会受损。

不要在公司电梯里或办公室有第三者的情况下，与上司谈家常，特别是上司的家事。

无论在公司内或公司外，只要上司在场，离开的时候你一定要跟上司招呼一下，"对不起，我先走一步了"或者说"再见"。

聪明女人不“负重”

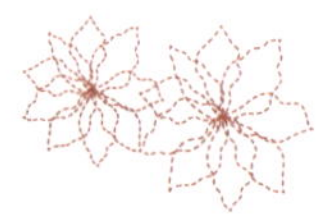

慧在电脑公司工作，这样的公司本来就是男人的天下，偏偏慧喜欢这一行，成为万绿丛中的一点红。慧并没有因为自己是女性而受到特殊待遇，她要像其他男人一样，在工作线上拼命，很多男性都觉得有巨大的压力，慧作为女性，更是辛苦。尤其是月经来临前的一周，慧常常感到焦虑、紧张、忧郁、压抑、易怒、烦躁、甚至头痛、心跳加快。久而久之，一向准时的经期竟然开始出现了月经不调的症状，脸上冒出大量让人烦恼的青春痘，肤色开始变暗。

慧去医院看医生，医生了解了她的工作状况后，诊断慧是工作压力过大所致。建议慧需要释放压力，才能恢复健康。

越来越多的现代女性的身上，不同程度地存在着由于生活压力大引起的身心健康障碍，懂得如何释放工作压力，做个快乐、充实、健康的职业女性，非常有必要。

心理医生建议，女性注意工作上和生活中的一些细节，可以帮助缓解压力：

◎ 合理规划时间，制定工作计划

“磨刀不误砍柴工”，在每天开始工作的第一个小时内，现将全天的时间规划好，制定好工作内容计划。这样可以做到心里有数，到了工作的时候，才不会随手乱抓，就能在规定的时间内，完成自己制定的任务，这样做可以起到事半功倍的效果，能够保证按时下班，回家能够好好地休息，晚上保证充足的睡眠，第二天又有好的精神状态，为第二天按时完成任务做好了基础。如此良性循环下去，你将从中受益多多。

◎ 相信自己，别太在意别人怎么看

很多女性对自己要求苛刻，希望任何事情都做得完美，很在意别人如何评价自己。可以找一张便于保存的纸，画一条直线一分为二，在线的左边记下你的全部优点，在线的右边记下你的全部缺点。随着时间的推移，不断地在这张上填写你的优点或缺点，这样，会帮助你更加全面地了解自己，正确地评价自己，从而避免了过分关注别人对自己的评价，而造成不必要的心理压力。

◎ 积极帮自己减压

回家后，与家人团聚或与朋友外出聚会，都是不错的减压方法。或者听一段音乐，或舒缓、或热烈、或动感、或轻柔，只要能让你舒缓内心的焦虑，它就能帮你忘掉自己的不快和烦恼。当心情不佳时，端一杯热茶或咖啡，然后去一个环境幽雅、安静的角落坐下来，有助于排解你的压力。

利用节假日，和家人出外旅游，亲近一下大自然，一切烦恼都将抛诸脑后。

◎ 学会发泄减压

找朋友打一场网球，或跳一段舞蹈，或练习瑜伽，出一身大汗之后，既能发泄你的压力，又能强身健体。

心情实在不好，就把自己关在一个屋子里，痛痛快快地哭一场，哭完以后，走出屋子，看到灿烂的阳光，你会觉得刚才发生的事情没有什么大不了的。

打游戏，不管打什么游戏都能帮助你排解心里的不快。看一本故事情节很强的言情小说，或武侠，或漫画书，被故事里的人物所吸引，哭哭笑笑，什么样的压力都消失得无影无踪。另外，找一个自己信任的朋友，把受到的不公正待遇，一股脑儿地告诉他，只要说出来就好了。

找个清静的地方，自己对着小河或者高山大声喊叫，尝试一下，会有出乎意料的效果。

其实，在工作中，不要太苛求完美，对人对己耐心些，原谅工作中太多的不如意，做到完善自我，培养通达的个性，只有懂得释放工作压力的白领女性，才能够轻松自然地完成工作任务，笑对未来。

打入公司主流群体的7大策略

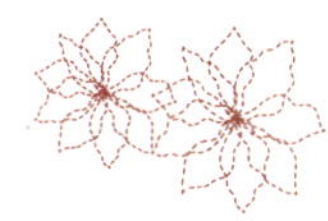

如果女人想在事业上有所建树，想进入公司主流群体，而自己却没有正确的方法，那么往往要比男人付出更多的代价。如何才能轻松打入公司呢？以下的7个策略必须牢记：

（1）学会自我反思。人常常是在反思中成熟起来的，尤其是女人更需要自我反思。因为女人常常靠直觉做事情，直觉是她们对外在事物进行自我判断的最常用方法。

霍奇·伯格法官是美国新泽西州第一位地方法院女法官。当有人问及她在取得现有成就的职业生涯中是否遭到过竞争敌意时，她很认真地告诉她们："不，我没有。"她还说："事实上，我总是从相反方面去设想别人，首先我会从自己心中消除对别人的敌意，只是在事后我才意识到别人对我存在的某种敌意；而我从不纠缠于这些琐碎的细节。"

不要因为自己，或别人的不愉快经历而假设每个人都跟自己过不去，都对自己存在敌意。靠经验对新情况做的判断常常会束缚自己的认识。所以，女人要想打入公司主流群体，就必须扬长避短，不要只凭自己的直觉或经验做判断。什么事情都要具体问题具体分析，一概而论常常使自己犯主观性错误。

（2）广交朋友。人们常说“一个篱笆三个桩”，对于工作，我们更需要伙伴。特别是那些想进入主流群体的女人，更少不了朋友的帮助。

对于女人来说，结交朋友，建立自己的社交圈，寻求前辈指导，都是基本的职业技巧。如果你是一个局外人，这些就显得尤为重要。遗憾的是，这些事情常常说起来容易，做起来难。

成功的局外人都认为，你必须培养自己一种能力，而这种能力能够让自己可以和主流文化的人们很自然地相处。所以，女人要想进入公司主流群体就必须放下自己的架子，充满自信地去参加社交活动，接受对你表示友好的人们的提议。

（3）强调积极正面的东西。一个女人想在事业上有所作为，积极的心态已经使她成功了一半。积极的心态常常使自己获得意外的收获，所以你需要拥有成功的技巧和知识，这一切首先是你被雇用的一个重要原因。但是，如果你不是主流群体中的一员，你就必须有些额外的素质。

这些方法可以使用：了解你所在领域内的最新潮流，想办法运用在你目前的工作或你希望做的工作上；敢于冒险，敢于决策，抓住一切可能的机会，调动或者被指派到和公司目标直接相关的第二线工作上；强化你的书面和口头表达能力，认识到你的文化背景所具有的力量等。

（4）善于表现自己。金子不总会发光，千里马不一定就能遇到伯乐。所以，有人说“自我表现决定自我发展。”想进入公司主流群体的女人更要学会自我表现，让公司知道你可以做什么。即使你不是一个成就非凡的人，你也要指望别人可以发现或者认识你。为了取得进展，你得让人们知道你是谁，你做了些什么。

如果你想让自己更引人注目的话，你就不能沉默寡言，更不能信奉权威，不愿听取建议。害怕出人头地的女人永远无法与主流群体和谐相处，更无法谈及进入主流群体了。

也许，这仅仅是一种意识局限或一种文化障碍。而一心想要进入公司主流群体的女人，必须在这些障碍面前有大的突破。

（5）善于接受，不要牺牲。女人要想进入公司主流就不能自以为是的随着自己的性子来。你必须让自己的观点和公司的文化相适应，使自己从“局外人”走进“局内人”。同时，还要懂得“接受”与“牺牲”之间的区别。

认识哪些文化特征是自己不能放弃的，哪些是自己需要调适为符合公司文化需要的。不要把为公司文化而作出的每一种改变或调整视为放弃或让步，只需把它当作适应新环境的一种方式。不要让自己所在群体的其他人给自己下结论，该在什么地方画一条线须自己做决定。

如果公司歧视你的文化，如果公司的价值观直接和自己的文化观念发生冲突，如果自己现在的职位不足以展现自己的才能，如果自己想继续留在公司，并想进入公司的主流群体，那么此时的你就必须作出牺牲。

（6）知道自己的权利。当自己遭到不公平待遇时，你该怎么办？如果你想进入公司的主流群体，就不能对此牢骚满腹，你必须自己解决问题。或者你可以根据公司制定的程序或者找来同盟者帮助。

当自己在公司遇到非法歧视时，你可以考虑采用法律行为。法律会保护你的权益，对有关种族、性别、民族、年龄、怀孕或者残障等方面的不公平待遇，给你作出赔偿。不过，在你采取法律手段之前，务必仔细斟酌你将在精神上、事业上和经济上付出的代价。

另一种选择就是辞职，另谋他就。找一个在企业文化方面更适合自己的工作。如果辞职比留下了付出的代价更大，那就调整心态，继续干下去。

（7）要有远见，并为此作出计划。有些女人会认为该来的都会来，她们的才华能确保自己的成功。这种宿命等待的态度可能会失去更多的机会。因此，你还得做得更多。如果你想有所作为，除了你目前的技能，还得为了自己的利益多积极行动。

为了推动自己的计划，你得把自己将来10年要实现的目标写下来，然后重要的工作开始了，那就是积极行动起来，实施计划，把目标变成现实。

树立正确的理财观

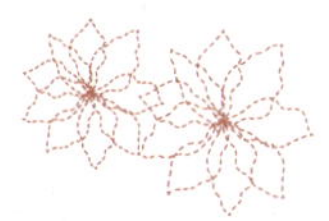

有很多女性对理财不屑一顾，或者就懒得动脑筋来操心理财，凡事依赖丈夫，或者认为他赚的钱多，自然有话语权，钱就归他管。这样做省心又省力，何乐而不为呢，于是干脆直接对财政大权来个大放手。导致很多女性对家里有多少财产，丈夫的公司挣不挣钱，甚至自己家的房产有没有被丈夫抵押都不知道。

曾经有一位从来不过问家里钱财的女人，与丈夫感情破裂，提出离婚。但是离婚的时候，女人才发现，别墅是公公的，跑车是小姑子的，老公的公司是资不抵债的。一向衣食无忧的女人，离婚后，竟然几乎净身出门。

还有一对夫妻感情到了尽头，双方要求离婚。但在财产分割上出现了问题，双方只好到法庭上来打官司，在法庭上，法官三次问男方财产问题，男方都坚持说自己没钱。女方要求男方如实回答法官的问题，男方还是说自己没钱。最后，女方毫不含糊，马上拿出了男方的十五个银行账号。

我们当然不希望夫妻双方闹到这步田地，但是作为婚姻里的家庭主妇，对于自己家庭中财产的多少，至少应该有知情权吧。

正是很多女性没有正确的理财观念，才导致悲剧的发生。因此，认清理财误区，树立正确的理财观念，是一件十分必要的事情。

误区一：仰视个人理财

有很大一部分人认为理财非常高深神秘，极端认为所有的投资理财都需依赖于专家，导致仰视个人理财误区的产生。

◎ 认为个人理财高深莫测

认为个人理财高深莫测是一种普遍现象，这类人士普遍缺乏基本的金融理财常识，动辄认为理财是需要非常高深的专业知识的，所有的投资都是具有极高风险的，自身并无能力将投资理财规划好。

事实上，个人理财是贯穿于人的一生的，个人理财是每个人生活中都需要面对的一种“生活方式”，平常的家庭支出安排与资产管理都是理财行为。它不高深也不神秘，更不需仰视。虽然，投资理财也需要一定专业的理财知识，但它更需要正确的财富观念，它并不是高深莫测的。

◎ 迷信和依赖专家

一些投资者不敢相信自己的分析判断能力，导致过分迷信和信赖专家。在他们眼里，专家什么说的都是对的，自己的一切投资行为都要依赖专家。

过分迷信和依赖专家直接的后果，就是使自己的财富保值增值命运系于他人之手，丧失独立的投资支配权。

误区二：轻视个人理财

轻视个人理财，是对财富管理的伤害最大的一种误读，轻视理财可能导致错失投资良机，变相增加投资成本，严重者可能导致个人或家庭陷入财务危机。

◎ 赶时髦型理财

很多投资者本身没有理解理财的真正内涵、目的和了解自身的需求，仅是看到别人都纷纷投资理财，把它看作是一种时髦来追赶。这样的投资者不仅无助于财产的增值，而且有损于自身的财富保值、增值。

◎ 拍脑袋式理财

所谓拍脑袋式理财，就是投资者跟着感觉走，认为理财并不高深，也不需要多少专业能力，不经专业分析，仅凭个人经验或个人爱好就能决定一切投资行为，这就是典型的经验决定一切的拍脑袋式理财。如果仅凭个人经验或感觉，很容易对市场把握不准，这样很容易造成投资浪费或失败，导致个人投资机会被浪费、个人投资效率低下，财富因此增值有限或受损等后果。

◎ 跟风型理财

这类投资者往往缺失理性的投资分析能力，没有明确的理财目标，只是简单地看到市场正流行某项投资，就简单地认为“热点”即是好的赢利点，一味跟风投资。这类投资者极易被市场套牢，导致财产投资失败。

◎ 一切向钱看的理财

在信息严重不对称、监管尚未健全的国内金融市场中，如果投资者本身并不了解产品特性和风险因素，一味从收益角度规划投资理财。这种一切向钱看的理财，容易产生极其严重的后果，可能导致个人财务陷入危机，直至破产。

因此，作为新时代的女性，树立科学个人理财观不仅需要加大公共金融理财教育，普及金融理财常识，同时还需提高个人自主理财能力。

把自己打造成真正的“财女”

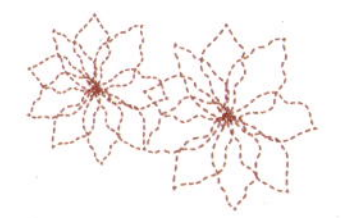

步入21世纪的今天，已经进入了“她时代”，成为女性引领时尚风潮的时代，职业女性们活跃在职场与商场，追求高端时尚的生活，提倡愉快的工作与消费。

投资理财也成为时下最流行的话题之一，如何成为一个“财女”已经引起了越来越多女性的关注。

要想把自己打造成“财女”，首先要消除一些日常观念误区：

误区一：挣得多不如嫁得好

许多女性认为自己挣再多的钱，都不如嫁一个有钱的老公。因此往往把自己的未来寄托于找个有钱老公，平时把精力都用在了穿衣、打扮和美容上，却忽视了个人创造、积累财富能力的提高。

俗话说：“伸手要钱，矮人三分”。凡事都依赖老公，必然会受制于人，自己在家里的“半边天”地位也就会发生动摇。

所以，“求人不如求己”，只有自己挣钱，掌握理财和生存技能，自尊自强，才能在立业持家上具有自己的一席之地。

误区二：银行存储理财最稳妥

受传统观念影响，认为其他的理财方式大多存在风险，不如将钱财存进银行稳妥。这种理财方式虽然相对稳妥，但是，随着现在物价上涨的压力逐渐增大，存在银行里的钱弄不好就会“贬值”。

所以，在目前的新形势下，女性们应更新观念，转变传统的理财观念，积极寻求既相对稳妥、收益又高的多种投资渠道，比如开放式基金、炒汇、各种债券、集合理财等等，以最大限度地增加家庭的财富收益。

误区三：跟随亲朋好友投资理财

有许多女性对自己的选择没有自信，更倾向于在理财和消费上随大流，常常跟随亲朋好友进行相似的投资理财活动。没有经过理性的分析，根据自身的特点进行盲目的投资，很容易造成家庭资产流失，影响生活质量和夫妻感情。

误区四：会员卡消费更省钱

很多商家瞅准女性们对会员卡消费能节省开支的心理，于是推出各种各样的会员卡、打折卡，甚至为了刺激消费推出按级别划分的金卡、银卡、钻石卡等。在有些情况下用卡消费确实会省钱，但有些时候用卡不但不能省钱，还会适得其反。

有的商家规定，消费必须达到一定数额后才能取得会员资格，因此，刺激很多女性为了办卡而突击消费，结果反而多花了钱。

还有一些美容、减肥的会员卡等，都是一年多少次数包月，包季度等，看似价格低廉，但常常会因为有事改变计划，实际消费次数根本达不到，这样算来，价格并不便宜。还有的商家以超低价吸引你缴足年费，可事后要么服务打了折扣，要么干脆人去楼空，让你白花了冤枉钱。

消除这些误区后，学会以下几个方面，你就有望成为一个不仅懂得赚钱，还懂得理财的独立自主的现代“财女”：

首先对于消费成性的女人来说，在清理掉钱包中那叠厚厚的、随时引发你购物欲望的打折卡、会员卡；然后要学会强迫自己储蓄，不妨选择按期定额缴款的约束性理财产品。

其次，要学会多收集各方面的理财信息，了解产品的特点、风险及其变现性，以应不时之需；再根据所能承担的风险程度，配合个人或家庭对中长期的资金需求，做出妥善的投资计划。投资时以低风险产品为主要考虑对象，如货币基金、国债、人民币理财产品、外币理财产品等。

再次，要学会使用电子银行。只要成为网上银行的注册客户，一个电话或一次上网，就可以实现账户查询、定活互转和交费投资；同时，网上银行的历史明细查询，可以帮助你了解历史纪录。在建立了良好的理财习惯后，如果你的收入比较稳定，可以选择投资中高收益的基金并适当增加寿险保额，做一个“攻守兼备”的顶级财女。

要注意的是，在投资时，别忘了留出3～6个月的工资作为你的应急准备金，以备不时之需。学会了这些，并付诸行动，你就是一个非常棒的、人人羡慕的现代“财女”啦！

做一个永不“贬值”的职业女性

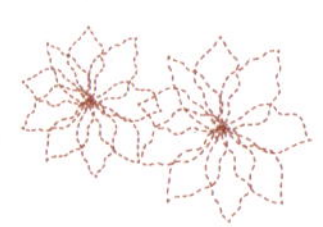

作为新时代的女性，处于越来越残酷的竞争之中，而知识更新的速度也越来越快。那些在学校里学到的知识，经过四五年之后，已经差不多变成被淘汰的知识了，如果不能不断地深造、积累、提升自己的能力，自己会很快跟不上时代的脚步，被社会无情地淘汰出局。因此，要想做一个永不“贬值”的职场丽人，要时刻不忘给自己充电。

◎ 明白充电的作用

首先要明白，在职场之中如果不学习，不接受新事物，不用最新出现的知识、技术武装自己，就有可能最先被淘汰掉。而职场上的任何一个人，要想在日新月异的行业中求得生存和发展，就必须主动更新自己的知识结构，掌握最新的技能、技术，给自己的职业发展补充新鲜血液。

另外，选择职场充电，会让你在职场上有安全感。因为，在瞬息万变的职场上，很多人即使已经身为高级主管的高端人才，如果知识更新不到位，能力衰退，也很容易被后起之秀挤下台，更不要说人才市场上为数众多的中、低端人才了。

所以，俗话说“技多不压身”，趁有机会时，读点书、充充电，多给自己攒些本钱，首先在知识方面不能输给别人，心理上也会感觉更安全。

◎ 找准定位，不可盲目充电

找准定位非常关键，要时刻关注自己所处的行业对人员技能和需求的改变，这样才知道自己的充电方向。

所以，认真分析一下这个领域对所需人才有什么样的标准和要求，诸如学历要求、专业背景等，这些是必不可少的。分析好了这些，就不像有些人那样，看到别人上英语班，就跟着报名；看到别人学电脑就眼热，也跟着学电脑，别人报名MBA，自己也赶热闹去报名。

只有找准定位，按照市场的要求，随时调整自己的目标和充电方向，只有这样，才能在众多的人群里脱颖而出。

◎ 选择充电方式

充电方式的选择要随自己的工作而定，比如你平时工作量较大，甚至很多时候还要加班才能完成任务，那就不适合报名参加夜校的学习，可以选择利用周末或一段相对集中的时间参加一些在职人员进修班；如果工作时间较为稳定，业余时间充裕，那就可以选择利用平日的晚上和周末上课的进修班，这样既不会影响平时的工作，也不会因参加学习而造成更大的压力。

同时，还可以根据自己的需要和企业的承认程度选择专升本教育、在职研究生进修班、研究生学历教育、第二专业教育、国外学历（证书）教育等形式。

从母胎里出生那一刻起，伴着人生的第一声啼哭，女人就注定要开始一个不同于男人的一生。女人的一生，或者跌宕起伏，或者是平平安安，也许上天早就为她画好了一生的轨迹

辑 3

心态：幸福是一种自我的心里感觉

欲望愈小、幸福愈大

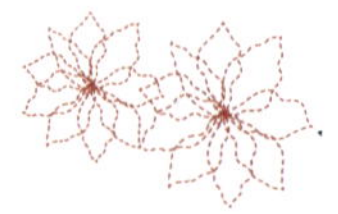

从前，有一位王子，他拥有堆积成山的金银珠宝，千顷万亩的良田，数以万计的子民，数不尽的美丽女人，可谓富甲天下、应有尽有，但他总是感觉不满足，整天过得不快乐。

宰相为他想了很多办法，为王子请来最好的厨师，最好的歌唱家，最好的舞蹈家，开最隆重的聚会，王子都不能展开笑颜。

一天，王子在王宫中四处转，不由信步来到了御膳房。这时，他听到有人在快乐地哼着小曲。

循着声音，王子看到是一个厨子在唱歌，脸上洋溢着幸福和快乐。王子见了，问厨子为什么如此快乐？厨子回答道："殿下，我虽然只不过是个厨子，但我一直尽我所能让我的妻小快乐，我们所需不多，头顶有间草屋，肚里不缺暖食，便够了。我的妻子和孩子是我的精神支柱，而我带回家哪怕一件小东西都能让他们满足。我之所以天天如此快乐，是因为我的家人天天都快乐。”

王子听了后，向宰相咨询此事，宰相回答道：“殿下，我相信这个厨子还没有成为99一族。”

王子诧异地问道：“什么是99一族？”

宰相回答道：“殿下，想确切地知道什么是99一族，请您先做这样一件事情，在一个包里，放进去99枚金币，然后把这个包放在那个厨子的家门口，您很快就会明白什么是99一族了。”

王子于是令人将装了99枚金币的布包放在了那个快乐的厨子门前。

厨子回家的时候发现了门前的布包，打开包后，先是惊诧，然后狂喜：金币！这么多的金币！厨子将包里的金币全部倒在桌上，开始查点金币，99枚，厨子认为不应该是这个数，于是他数了一遍又一遍，的确是99枚。

厨子开始纳闷了：没有人会只装99枚啊，那么那一枚金币哪里去了？厨子开始寻找，他找遍了整个房间，又找遍了整个院子，找到天亮，筋疲力尽，也没有找到那第100枚金币，他彻底绝望了，心中沮丧到了极点。

厨子决定从明天起，加倍努力工作，早日挣回一枚金币，以使他的财富达到100枚金币。

由于找了一晚上金币，第二天早上的厨子很疲惫，情绪也极坏，说妻子做的早餐太甜了，孩子们又在大吵大叫让他听着烦，责怪他们影响了他早日挣到一枚金币的心情。

厨子匆匆来到御膳房后，就埋头拼命地干活，再也不像往日那样兴高采烈，更是没有时间哼小曲吹口哨了。在一旁悄悄地观察着他的王子看到厨子变化如此巨大，大为不解，得到那么多的金币应该欣喜若狂才对啊。

王子再次询问宰相。宰相答道："殿下，这个厨子现在已经正式加入99一族了。99一族是这样一类人：他们拥有很多，但从来不会满足，他们拼命工作，为了额外的那个'1'，他们苦苦努力，渴望尽早实现'100'。原本生活中那么多值得高兴和满足的事情，因为忽然出现了凑足100的可能性，一切都被打破了，他竭力去追求那个并无实质意义的'1'，不惜付出失去快乐的代价，这就是99一族。"

看了这个故事后，试想，我们有多少人都像这个王子和厨子一样，对于眼前拥有的"99"视而不见，却为了这个"1"而碌碌终生，不能快乐的享受生活。

这种行为就像平时我们所说的，"丢了西瓜捡芝麻"，认真想一想，这是何必呢？人生苦短，岁月如流，人的能力是有限的，如果得不到的东西，却偏偏一定要一再执著地苦苦追求，只会徒添烦恼。

如果有了"知足"平常之心，就会把人生的成败、得失看得平淡，人生才容易快乐、幸福。

快乐其实很简单，有时候，就是那么一杯清茶，一朵玫瑰，一片树叶，一份牵挂，一句亲切的问候，甚至一个关切的眼神，一个温馨的微笑，都会让快乐无处不在。做一个知足常乐的女人，将名利得失置之度外，将快乐拥在怀中，这样的女人才能美到老，幸福到老。

幸福就是对自己好一点

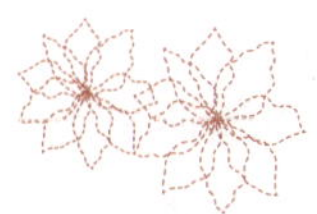

这是一个真实的故事：

当年，她还只是一个刚刚上大一的女孩，18岁，风华正茂，人虽然不是很漂亮，但却是清纯可爱，正处在任何女孩都可以骄傲的时候。

就在这个时候，女孩开始网恋了，恋上了一个远方的男人，男人已经工作，比她大好几岁。男人成熟的魅力俘获了她的心。陷入爱情的女孩每天都上网聊天、发电子邮件、煲电话粥。教室里很少见到她的身影，女孩开始旷课，坐上火车，千里迢迢去看那个男人。

其实，男人最初也不过是逢场作戏，一个已经在社会上有过很多经历的男人，怎么可能相信这场发生在虚拟空间里的爱情？

他需要有一个实实在在的婚恋，一个18岁的小女孩给不了他现实生活中的一切。自私的男人在得到女孩的一切后，很快向女孩提出分手，女孩的天空顿时倾斜了，她拼命地打电话，在网上留言，男人不再接电话，不再在聊天室里露面。

绝望的女孩坐上火车，去了男人的家里，在他们做爱之前，女孩在安全套上偷偷扎了几个小孔。她希望怀孕，她天真地认为，只要有了孩子，他就不会继续疏远她了，他们之间的爱情也就有了结果。

后来，女孩如愿以偿地怀孕了，但是那个男人依旧不要她，让她把孩子做掉。歇斯底里的女孩仍然不肯死心，她又坐上火车，赶往男人的家，提前吃了大把的安眠药。

等男人回家时，看到了睡倒在门前的女孩。女孩被送往医院后，经过医生的及时抢救，总算保住一条性命。但是她腹中的胎儿却流产了。

憔悴不堪的女孩回到了学校，但她眼前的一切都与以前不一样了，她心中的世界已经彻底失去了色彩。

自暴自弃的女孩选择了堕落，逃课去迪厅，抽烟、酗酒，结识各种各样的男人，禁忌被打破，一切都已无所顾忌。因为长期的旷课，女孩在大二的时候，被学校开除了。

几年后，当年的大学同学看到女孩在一个小批发市场，在做批发袜子的小生意。她才不过二十二、三岁的年纪，穿着一件跟周围妇女无异的黑色廉价的外套，有着一张憔悴而麻木的脸，再也找不到当年惹人怜爱的样子，同学不忍心再看下去，只好转身离去。

岁月无情，容颜易逝，繁华如烟云，能积淀留存的，只有生命在求索中不屈的镌刻。

作为女人，更要善待自己。如果当年女孩能够在生活的挫折面前，善待自己，好好的爱惜自己，她的人生也许不会是这个样子，她会跟所有的同学那样，一起在明亮的教室里学习，学业有成的毕业。然后找一份体面而待遇良好的工作，还可以继续寻找自己心目中的白马王子，拥有一段美满幸福的婚姻。

虽然历史不是假设，但是，对于女人来说，只有善待自己，真心爱自己，才能让自己在激烈的社会竞争、紧张的生活节奏、复杂的人际关系中，活得更精彩。

也只有善待自己，才能真正地把握好自己的人生方向，才能在别人逢场作戏时，保持一份清醒和尊严；在车水马龙的喧嚣中，保持一分自尊和独立；在家庭婚姻中，留有一分真诚和爱惜；在事业追求中，得到一分执著和成功；在平淡寻常之中，塑造一份从容和宁静。

感恩让女人更懂豁达与包容

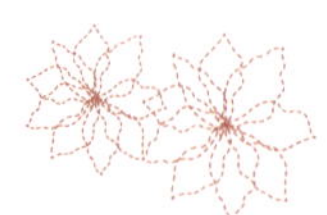

著名歌手欧阳菲菲的歌《感恩的心》，唱遍了大江南北，受到大家的喜爱。除了歌好听外，我想，其中的歌词和这首歌所蕴含的精神也是受到大家喜爱的原因：

我来自偶然，像一颗尘土
有谁看出我的脆弱
我来自何方，我情归何处
谁在下一刻呼唤我
天地虽宽，这条路却难走
我看遍这人间坎坷辛苦
我还有多少爱，我还有多少泪
让苍天知道我不认输
感恩的心，感谢有你
伴我一生，让我有勇气做我自己

感恩的心，感谢命运

花开花落我一样会珍惜

感恩，是一个人对生活的热爱，对生命的珍惜。只有学会了感恩，才会懂得珍爱自己，尊重别人，生活才会因此而充满灿烂的阳光。感恩，是一种处世哲学，是生活中的大智慧。人生在世，不可能一帆风顺。对生活时时怀有感激，才能拥有健康积极的心态，拥有美好的人生。

一个拥有感恩的心的女人，她们才会懂得父母的辛苦，才会知道怎么去回报给自己生命的父母，才明白如何哺育下一代；一个拥有感恩的心的女人，才理解“滴水之恩，当涌泉相报”的道理，才能得到别人的帮助，也会处于弱势也能保持做人的尊严；一个拥有感恩的心的女人，才会在拥有别人爱的同时，懂爱惜爱，同样去爱别人，珍爱自己；一个拥有感恩的心的女人，才能体谅生存的艰难，不去计较别人的误会，才能心灵豁达和包容，才能微笑着面对风雨人生，真正的拥有幸福。

让我们学会感恩，哪怕只是在别人犹豫不决时，一个认可的点头；在别人情绪失落彷徨时，一句鼓励的话语；路遇一位老者时，一个礼貌的让位，或者一个轻轻的搀扶；对身边走过的每一个路人，一个小小的微笑……虽然只是这些小而简单的动作，却会给别人带来莫大的力量，都会给生活带来温暖与快乐。

做一个懂得感恩的女人，用感恩的心，为你身边的人点亮一盏灯，分享光明，分享快乐。如果每个人都点亮一盏灯，这个世界将不再黑暗，我们每个人都将沐浴在温馨的光明之中。

心态年轻才是真年轻

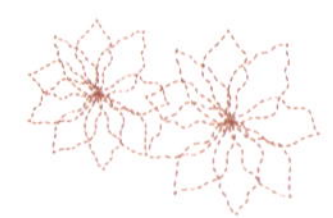

当久别重逢的朋友相见时，所有的女人都喜欢听到这样一句话："你怎么那么多年一点都没变，还是那样的年轻！"

相信凡是听到这句话的女人，心里都跟喝了蜜一样，暗自窃喜。岁月对于女人来说是残酷的，一个女人的青春是那么的短暂。随着年龄的增长，由于体内雌激素的不断下降，身体会表现出各种状况：

30～35岁：皮肤质量开始下降，失去光泽和弹性，脸上出现皱纹、鱼尾纹等；月经紊乱、经期不适，如量少、色淡、腰酸、腹痛、乳房胀痛等症状出现。

35～40岁：记忆力开始下降，色斑加重，色素沉着，阴道分泌物减少，性生活质量下降，乳房开始松弛。

40～50岁：精力不足，非器质性腰腿疼痛，潮红、潮热、心悸、健忘、情绪不稳等更年期综合征出现。

50岁以上：绝经，骨质疏松，血脂升高，引发高血压、心血管等疾病，各种女性疾病开始出现。

女人衰老是一个无法抵抗的生命规律，但是，我们却能抵抗心理的衰老，虽然我们不能永远拥有年轻的身体，我们却可以拥有一份永远年轻的心态。

一个有年轻心态的女人，心灵深处散发着自信的气质，显示出内在的涵养与智慧，显示出她的善良与温柔，显示出她豁达开朗的性情，显示出她为人处世的态度。

一位哲人曾说过："你的心态就是你真正的主人"。是的，岁月可以夺走女人年轻美丽的容颜，却永远夺不走女人永远爱美年轻的心灵。

女人的青春不仅仅是女人的容颜和身体，女人的青春还包括思想、观念、修养、气质、内涵、性情、气度、品德。女人的青春更重要的是指女人年轻的心态，女人年轻的心态是一种年轻的心境，是深沉的意志，是她对生活永远充满自信的热情以及对生命的欣赏和热爱。

生活中，不仅有因为年纪老而让人衰老的老人，更多的是因为思想观念的陈旧才出现真正的人未老而心已老的老人。无论一个女人是十八岁还是八十岁，只要永远保持一颗年轻的心，那么在她八十岁的时候也能拥有十八岁的青春。

撒切尔夫人是英国历史上第一位女首相，她曾在国际政治舞台上叱咤风云，被人们称为"铁娘子"。

2005年10月13日，这位昔日的大人物迎来80大寿，不管是多年的朋友还是曾经的政敌，很多人专门给撒切尔夫人发来生日祝福。

近年来，撒切尔夫人已经很少在媒体上抛头露面，但是，值得庆祝的寿辰使她重新回到了全球媒体的聚光灯下。已经年届八十的“铁娘子”，仍然风采不减，她收到了来自四面八方的祝福和问候，其中充满了对她的敬佩和称赞。

撒切尔夫人曾经是英国保守党领袖，所以，现在执掌保守党的迈克尔·霍华德高度评价了撒切尔夫人，将她与著名首相温斯顿·丘吉尔相提并论。

其实，自从离开英国首相的宝座以后，撒切尔夫人的处境并不顺利，她的生活低调、寂寞、凄凉。过77岁生日时，这位昔日政治强人只收到了4张生日贺卡。2003年6月，她夫君丹尼斯因心脏病突发去世，这使她的日子陷入了更深的孤独。

但是，所有这一切不幸都没有将这位昔日的“铁娘子”打倒，她仍然保持着一颗年轻的心。人们虽然在相当长的时间内已经淡忘了撒切尔夫人的名字，但是，每到关键时刻，撒切尔夫人还是会“挺身而出”，为保守党出力，让人们重新记起她当年叱咤风云的风采。

一个拥有快乐美好心态的女人，即使她已经不再年轻，却散发出历经时光磨砺后的韵致，沉淀下来经久不变的纯真。好女人就像陈年的女儿红，越老越醇香，好女人就像经过了岁月封沉的普洱茶，时时散发着穿越时光的幽香。

这样的女人，如同珍珠般可贵，如同钻石般耀眼，如玉石般温润，这样的女人集美丽与智慧于一身，风华绝代，却又是那样的可人，让人爱恋不已。

女人的青春，不仅仅在于她年轻美丽的容貌和年龄，更重要的是自信，是否保持一份永远年轻的心态。做一个人老心未老的女人，才能将女人的魅力永存。

快乐来自甘愿吃亏

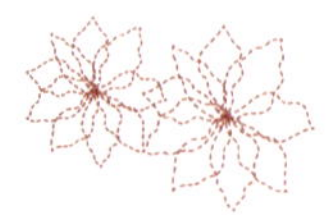

有一个女企业家，早年婚姻不幸，丈夫离她而去，她独自带着一儿一女，辛辛苦苦打拼了一番事业，现在虽家有资产千万，却因为不相信任何人而身心疲惫，感觉不到一点人生的快乐。心理医生建议她应多出去走走，游山玩水，到远处去寻找快乐。

于是，这个企业家走过了千山万水，却未能寻找到快乐。

这天，她沮丧地坐在山道旁休息，忽然看到一个农夫背着一大捆柴草从山上走下来，女企业家问农夫："我是个令人羡慕的企业家。请问，为何我没有快乐呢？"

农夫放下沉甸甸的柴草，舒心地揩着汗水："快乐也很简单，放下就是快乐呀！你独自一人整天背负着那么多的财产，老怕别人抢去，总怕别人暗害，整日忧心忡忡，快乐从何而来？"

女企业家顿时开悟。于是女企业家将她的钱财接济穷人，专做善事，慈悲为怀，她终于也尝到了快乐的味道。

在现实社会中，人们整天处于追名逐利，尔虞我诈的名利场中，过着紧张而相互防范的生活，快乐又从何处去寻呢？如果你心无挂碍，什么都看得开、放得下，何愁没有春莺的啼鸣，泉溪的歌唱，鲜花的绽放呢！

有位哲人说过，给予是一种快乐，你在给予的时候，别人得到了快乐，但最快乐的还是你自己。这句话初看起来平淡无奇，却蕴涵“给予别人快乐自己”的深刻道理。

曾经有一个小故事，讲的是春天里的一个周末，一个小女孩被爸爸妈妈带着来到一个花园里玩耍，小女孩在一片草地上，看见一只蝴蝶被荆棘弄伤了，她小心翼翼地拔掉扎在蝴蝶身上的刺，放它飞回大自然。

后来，蝴蝶为了报答小女孩的恩情，化作一位仙女，对小女孩说：“因为你的善良与仁慈，请你许个愿，我将帮你实现它。”

小女孩想了一会儿说：“我希望我一生都过得很快乐。”于是，仙女弯下腰来在她耳边悄悄细语一番，然后消失了。

小女孩果真很快乐地度过了一生。当她年老时，邻人问她：“请告诉我们，仙女到底说了什么，让你 生都这么快乐？”

她只是笑着说：“仙女告诉我，我周围的每个人，都需要我的关怀。这么多年，我才明白，原来给予就是一种快乐。”

好一个给予就是快乐！在这个世界上，爱人就会被人爱，恨人就会被人恨；给予就会被给予，剥夺就会被剥夺。所以，学会爱是女人最重要的功课，爱你的亲人、朋友、同事、上司，爱你身边的每一个人，在爱他们的时候，你也会得到他们的爱。

因为给予，所以快乐。给予是对人的一种无私的奉献。给予是一种快乐，懂得给予，就懂得快乐的学问。鸟儿给森林以美妙的音乐，鱼儿给江河以生机，它们因为给予而快乐地鸣叫和畅游。父母给予儿女养育、儿女给予父母赡养、老师给予学生培育，他们因为给予，促成了儿女健康成长、父母安度晚年、学生学会做人做学问，他们因此而快乐。儿时，我们为与玩伴分享零食而快乐；上学了，我们力所能及去帮助鳏寡残疾者，我们因为扶贫助弱而快乐；工作了，我们为遭受天灾人祸的人们献爱心，我们为帮助受灾人群而快乐。

赠人玫瑰，手留余香。给予是从心灵上奉献出虔诚的花朵，更是一种无限的快乐。一个懂得“给予就是快乐”的女人是幸福的，她的灵魂是纯洁而高贵的，她的心灵是滋润而善良的，她会在这种真心而无私的给予中，得到别人的尊重和敬仰，实现着自己的价值，感受着“给予别人，快乐自己”的乐趣。

苦中作乐是一种境界

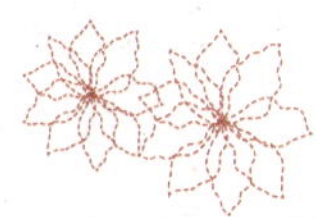

2006年，中国的大江南北流传一个“背着父亲上大学，孝女撑起一片天”的感人故事，故事中的主人公历尽苦难却依然微笑，这种苦中作乐的精神，感动着每一个人。

女孩叫黄来女，1985年出生在广西合浦的一个贫寒家庭。在黄来女4岁的时候，母亲撇下父女两人走了，留下父女二人相依为命。

黄来女的童年是在跟着爸爸颠沛流离的流浪生活中度过的，卖唱、帮工、做小买卖，两个人相依为命，艰难地维持着生活。

尝尽艰难的小来女从小就很懂事，经常把别人扔掉的矿泉水瓶、饮料瓶捡来卖，减轻一些父亲的负担。

小学上到三年级的来女，因为交不起学费辍学在家，她经常跑到海边挖海螺挣钱补贴家用。为了让女儿继续学习，曾经做过老师的父亲开始自己给黄来女上课。

课本是从垃圾堆里翻捡来的，黑板是从建筑工地去捡来的废弃的油毡纸。回到老家后，来女却以全镇第一的成绩考入了初中。来女凭借优异的成绩免费读完中学。

2003年，黄来女被武汉大学计算机学院录取。父亲卖掉老家的房子，也来到武汉，摆起了早点小摊儿。就在父女俩的日子逐渐好转的时候，父亲却在春节前的一天晚上，突发脑溢血住进了医院。

靠着向同学借来的钱，黄来女终于熬到了父亲出院。正月初三，父亲第二次脑溢血，再次入院。这次父亲一直昏睡了三天。来女也在医院整整陪了爸爸三天。当第四天爸爸醒过来时，黄来女喜极而泣。

出院后的父亲又先后多次脑溢血一次又一次住进了医院。接着，父亲又被检查出患有糖尿病、膀胱癌。由于疾病的折磨，父亲已几乎没有了生活自理能力。为了照顾爸爸，黄来女在学校附近租了一间简陋的民房，跟爸爸住在了一起。

生活的重担全压在了黄来女的身上，为了维持生活和父亲的医药费，来女拼命做家教。她每天早上6时起床，帮父亲洗脸、刷牙、打针、吃药；中午赶回家替父亲做饭、熬药；晚上，坐一个多小时的公交车过江到汉口做家教后，回来安顿父亲睡下；夜深后，再打开书本学习。

不仅如此，为了能使爸爸早日康复，黄来女每天还要给爸爸做理疗，按摩手脚。即使寒冷的冬天，她都能累得满头大汗。虽然生活非常艰难，但是，在黄来女的脸上却看不到一点忧伤和痛苦，她的脸上永远挂着迷人的微笑。

湖北省教育厅授予黄来女“全省自强不息优秀大学生”荣誉称号，号召大家学习她坚韧不拔、持之以恒的拼搏精神，敬老行孝、知恩图报的传统美德，直面困难、乐观向上的阳光心态和勤奋学习、立志成才、执著追求的优良品质。

2006 年 10 月，成绩优异的黄来女顺利地通过了武汉大学计算机学院的免试研究生资格审查。她对记者说：“研究生毕业后，我还会带着父亲，我到哪里，父亲就跟我到哪里。”

当大家问来女怎么看待苦难的时候，她微笑着回答：“我无法选择生活的条件，但我可以选择生活的态度。既然灾难来临，哭不能解决问题，那为什么不笑呢？”

苦难并不可怕，可怕的是，有些人被苦难打倒了，就再也爬不起来。一个人，你不能改变出身，但你可以改变命运；你不能改变别人，但你可以改变自己；你不能改变天气，但你可以改变心情！再大的苦再大的难，也不能击败一个始终微笑者的心灵。

苦中作乐是一种积极的生活态度，人生不如意十有八九，面对苦难时依然面对微笑，是对生命的热爱和对美好将来的坚信，是获得美好生活的重要前提和保障。也只有苦中作乐才能更好地征服苦难，战胜苦难，从苦难中走出来，赢得自己的幸福人生。

打败“挫折”就这几招

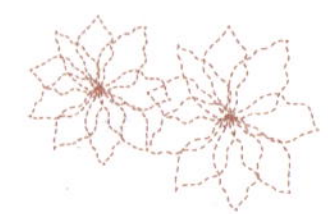

第一种：自我鼓励

晴接到一家非常著名的公司的面试通知，她非常高兴，这是她梦寐以求的机会，她非常想抓住。

做好精心准备的她，早早来到了公司，走进来之后，前台小姐对她冷冰冰的，让她原本就忐忑不安的心更加不安。

来到走廊里等待，发现有几十位面试者早已经坐在那里等待了，只见他们个个精神抖擞，充满信心，晴有些心虚起来。

然后，不断地有人进去面试，有的人时间长，有的时间短。晴不安地等待着，信心越来越小。

直到一个女孩沮丧的走出面试办公室，让晴的心理再也承受不住了，再也没有信心继续等下去了，逃命似的跑出了那家公司。

回到家后的晴，越想越懊恼、沮丧，恨自己不争气，竟然连进去面试的勇气都没有！

当面对挫折的时候，后悔、懊恼、沮丧、哭泣、发牢骚都是没有用的，这个时刻不妨鼓励自己，给自己加油，告诉自己："我是最棒的，我只要努力，就可以将挫折打败。没有什么大不了的！"

还可以在心里喊着自己的名字："加油！加油！你是最棒的！你一定能成功！"

这种积极向上的自我鼓励的方法有利于健康心理的发展，也能鼓舞自己的士气。

第二种：自我安慰

丁丁辛苦熬了几个通宵的策划方案，交给主管，结果主管看了没有几眼，就把她否定了，让她拿回去重做。丁丁接过自己的策划方案，泪都快流出来了。

当努力做了一件事情，遭到否决的时候，情绪难免会不好，尤其是看到别人成功了兴高采烈的样子，心里尤其会出现不平衡的状态。这个时候，可以利用自我安慰法，消解心里的不快。

比如业绩总结后上，别的同事这个月的业绩高于你，她得到了上司的表扬。此刻要告诉自己这次不过是没有对方运气好，下个月好好做，超过她。把她当作下个月的竞争目标，不仅能立即转化情绪，并且还能刺激自己的上进心。

第三种：相互比较

Lily的遭遇就是一个很好的例子，今天，Lily钱包不幸被小偷偷走了，她很郁闷，但转念一想，昨天晚上正好把500

元借给了好朋友，钱包里也只剩下200块，否则的话，就要丢失700块。Lily的心情好了一点，她接着想，还好只是丢了钱包，上个月刚买的几千块钱的手机没被偷走，因为钱包跟手机没有放在一起。Lily的心情又平和了一些。正在这时，朋友给她打来电话，说她的稿子被报社采用了，明天可以去领1000元的稿费。

Lily一听，简直高兴极了，心想钱包丢了就丢了，反正自己也正好像换个新的了。这样的一通比较，Lily心情就好多了。

很多事情既然发生了，不要老往坏处想，往好的地方想，能帮助你缓解恶劣心情。

第四种：自我发泄

依依被上司批评，委屈的要滴下泪来，因为根本不是自己的过错，但当很多同事的面，看着暴怒的上司，也由不得她辩解，但她一直忍着没让自己在众人面前哭出来。

下班后，依依回到家，越想越委屈，终于大声地哭出来，一边哭，一边拿起枕头往床上摔，哭完发泄完后，看着床上一片狼藉，不禁扑哧笑出来。想想明天自己会去上司那里认真解释。

结果，第二天上司反而主动找到依依，说自己没有查清楚事实就向她发火道歉，并且感谢她在众人面前给他留了面子。不久后，依依被提拔成了部门的主管。

人生常有不如意的事情发生，实在是自己受了委屈，与其憋着不如好好发泄出来，找个适合自己的发泄方式，有助于你的身体健康。

第五种：冷静分析

有一位母亲突然接到一个电话，说自己是他儿子的同学，现在她的儿子出了车祸被送进了医院，但车主逃跑了。儿子伤势严重，但他们没有钱交给医院抢救，十万火急需要她把一万元打到他的银行卡里，给她儿子交钱治疗。

这位母亲一听几乎要晕倒，立即将家中的一万多块钱找出来，急匆匆地往银行赶，将钱打进了那位同学说的银行卡里。

然后给丈夫打电话，把这个消息告诉了正在上班的丈夫，丈夫一听，愣了。然后给儿子的宿舍打电话，电话正好是儿子接的，儿子完好无损，上午在学校上课，连学校的大门都没有出，谈何出车祸！

原来，这时一些骗子的骗术，都是他们编造的，利用的就是一些妇女疼爱儿子，容易惊慌失措的心理，诈骗她们的。

很多女人，在挫折出现的时候，往往惊慌失措，不知如何是好。其实，任何事情，任何困难，都有解决的方法，面对难题，努力让自己冷静五分钟，冷静清晰的分析下问题的症结所在，积极理智的思索解决问题的办法。因为困难已经存在，任何的不良情绪都只会加大问题的难度，人在不理智的情况下往往会采取一些不恰当的做法，如果冷静分析，反而是最快、最好找到解决办法的捷径。

第六种：退一步海阔天空

在美国，曾经有一位著名的木材商人。原先他曾经做了四十年的牧师，可是一直无法成为一个胜任而出色的牧师。于是，他考虑再三后，对自己的优势和弱点有了重新的认识，于是立刻改变目标，开始经营商业。他从此一帆顺风，最终成为一个全国有名的木材商人，富甲一方。

西方有个说法，上帝把一扇门关上，就会把另一扇门打开。在理想遇到挫折的时候，肯定还有另外的路通向你理想中的目的地。认真看清形势，退一步海阔天空，重新选择，反而有可能会出现意想不到的效果。

第七种：转换视角

有个小男孩头戴球帽，手拿球棒和棒球，全副武装地到自家后院。

“我是世界上最伟大的打击手。”他自信满满。把球往空中一扔，用力挥棒，但却没有打中。

他毫不气馁，又往空中一扔，大喊一声：“我是最厉害的打击手。”

他再次挥棒，可惜又落空了。

他愣了半晌，仔仔细细地将球棒和棒球检查了一番。

他站了起来，又试了一次，这次他仍告诉自己：“我是最杰出的打击手。”

然而他第三次尝试又落空。

“哇！”他突然跳了起来，“原来我是第一流的投手！”

很多人在做事情失败了后，就很快把自己否定了。要像这个男孩一样，其实让自己重新满怀信心有时很简单，尽管事实仍是事实，但你只须转换一下视角，你就发现你依旧是最棒的一个。

比如打篮球输给对方了，但你们的抢断球的技术是最好的；你的演讲拿了第二名，但它是你参加演讲比赛中，奖次最高的……只要你转换你的视角，你就会有不同的收获。

挫折面前，一千个聪明的女子有一千个化解的方法，但是你要相信，只要理智冷静，爱惜自己，尊重别人，所有困难都不过是些纸老虎。

用“热情”点燃自己的“幸福之灯”

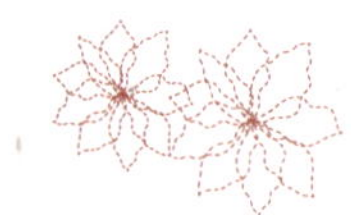

拿破仑·希尔曾经说过，如果你有一颗热情的心，那么毫无疑问，现实将会给你带来奇迹。拿破仑·希尔之所以对这句话有如此的深刻理解，这与他的母亲有很密切的关系：

一次，在一个浓雾之夜，拿破仑和他的年迈的母亲从美国新泽西州出发，乘船渡江驶往纽约的时候，母亲看着滔滔江水，喜气洋洋地说：“这是多么惊心动魄的情景啊！”

“有什么出奇的事情呢?”拿破仑不解地问母亲。

拿破仑的母亲虽然年岁已大，但她的声音里依旧充满了热情：“你看，那浓雾，那船工的号子，那船只四周若隐若现的光芒，还有消失在雾中的风帆，这一切多么动人而美好，多么令人不可思议啊！”

听到母亲的话，拿破仑被母亲的热情所感染，举目望向母亲所指的方向，拿破仑顿时也被那厚厚的白雾，远处若隐若现的船只所吸引。在那一刻，拿破仑感觉自己的心曾经是那么的迟钝。

母亲注视着拿破仑，微笑着说："亲爱的儿子，一直以来，我从来都没有放弃过给你各种人生忠告。不过，无论以前的忠告你接受与否，但这一刻的话，你一定要永远牢记。那就是：世界从来就有美丽和幸福的存在，她本身就是如此迷人，令人神往，所以，你自己必须对它拥有不倦的热情。这是你一生幸福的保证。"

听了母亲的话，拿破仑看着那些美丽的风景，那颗曾经迟钝的心似乎突然得到了滋润，受到了指引，它开始渗透出一种新鲜的血液。

从此，他对于世界多了一颗探索之心和一种热爱之情，这种感觉让他感受到了人间万物的壮美景象。

后来，拿破仑·希尔一直牢牢记住母亲的这些话，拿破仑努力体会、感受世界，始终让自己保持着一颗充满热情的心。这使他不论在怎样的环境下，始终具有积极向上的力量和勇气。

也许，你被每月的房贷压得喘不过气来；也许，你的上司又批评了你；也许，男友让你感到委屈；也许，父母身体的病痛让你难展笑颜；也许，你的孩子今天又不听话，惹你生气；也许，丈夫因为应酬，又很晚回家……

生活也许时常会让你感觉到灰心和不如意，但是这些都不是你让自己那颗鲜活的心慢慢迟钝的借口。只要努力调整心态，这些问题都会慢慢迎刃而解。

不要让生活的压力、感情的挫折，将你那颗享受生活的心消磨掉，热情地面对生活，用惊喜的心灵接纳春天的每一朵花开，用快乐的心情享受夏天的每一丝微风，用微笑的面容欣赏秋日的每一片红叶，用温暖的双手迎接冬天的每一片雪花。

生活如此的美好，拥有了热情的心灵，才能感受到人生的热烈和静美，才有可能收获生活回报给你的幸福。

幸福离自己有多远？

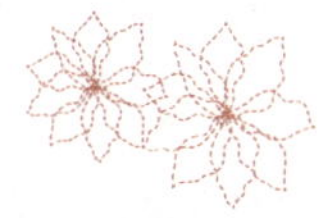

一天，小猪问妈妈：“妈妈，幸福在哪里啊？”

妈妈说：“幸福就在你的尾巴上！”

于是，小猪试着咬自己的尾巴。可是不管他怎么努力，就是咬不到自己的尾巴。累得满头大汗的小猪，又问妈妈：“妈妈，为什么我抓不住幸福呢？”

妈妈笑着说“孩子，只要你往前走，幸福就会一直跟着你的。”

流着泪给我讲这个故事的是荷，荷说她以前不知道幸福是什么，其实幸福一直就在她的身边，而她却从不知道珍惜。荷大学毕业后，在一家事业单位工作，经人介绍认识了踏实能干的林，很快，两人就结婚了。

婚姻开始的时候还算美满，丈夫林虽不善言谈，但很心疼荷，洗衣、做饭，从来不让荷做家务。林每天下班后，为荷做好饭，盛上汤，两人一起吃完饭，就一起到小区散步。

但荷是个浪漫的人，林比较木讷，从来都不会说甜言蜜语，只知道做家务、过日子。就连情人节这样的节日，也没给荷买花。

当荷向林要玫瑰花的时候，林却漫不经心地说："都老夫老妻了，还买什么玫瑰，那是小男生、小女生的游戏。"这让荷深感失望。时间久了，荷渐渐对这种平淡如白开水的日子感到索然无味。

荷对于浪漫的渴望与日俱增，直到有一天一个名字叫风的男人出现在荷的生活里。

风是荷在一个朋友的聚会上偶然认识的，风有俊朗的外表和儒雅的气质，更重要的是风很会说话，知道怎么讨女人的欢心。很快，荷的寂寞和失意被风捕捉到了。在风的鲜花、蜜语、浪漫、漂亮的外表吸引下，荷成了风心甘情愿的俘虏。

此后的荷，陷入疯狂的恋爱之中。风很帅，特别有男子汉的样子，又会哄人开心，这些优点都是丈夫林身上找不到的。

有时候在路上，他会出其不意地买束花送给荷，大声地说爱她，让荷觉得自己是这个世界上最幸福的女人。风经常开车接荷出去玩，把她伺候得像公主一样。公园里、酒吧里，到处都留下了他们幸福的身影。荷深深陶醉在婚外情带来的喜悦中，把丈夫和家庭统统抛在了脑后。

每次跟风约会分手回到家里，荷看到丈夫林体贴地给她倒水，荷也特别内疚，于是便抢着做家务，丈夫看到后，总是受宠若惊的笑着说不用，让荷多休息，说荷变温柔了。荷听了很难过，她这样不过是想弥补自己对丈夫的伤害，让自己心里好过点。

但荷始终管不住自己，每天都给风打电话，每天都要幽会，她已经无法摆脱这种让人痴迷的爱情，像食大烟的人一样上瘾太深，无法戒掉了。

直到有一天，荷发现自己怀孕了，是风的孩子。荷高兴的打电话给风，说他们的爱情终于有结晶了。风听了后，却要荷把孩子打掉。荷说他们的孩子都有了，要求风离婚，跟她结婚，一起生下这个孩子。

风把电话关掉了，从此再也不接荷的电话，躲避着荷。陷入疯狂中的荷已经不在乎丈夫林了，她豁出去了，她跑到风的家里大闹，要求风和妻子离婚。风的妻子冷冷地看着情绪激动的荷，淡淡地说，想和风结婚的人荷也不是第一个了，她也已经打算跟风离婚了。荷听了后，又吃惊又惊喜，心想，风离婚了她就可以跟风在一起了。

荷回家后，对自己的丈夫林讲了事实，并提出了离婚，林一下子无法接受这个现实。林不同意离婚，荷搬出了自己的家。

很快，风跟妻子离婚了。却闪电般的跟另外一个年轻女子结婚了。

荷听到这个消息后，悲愤交加，孩子流产了。

医院里，丈夫林悉心照顾着荷，只字不提以前的事情。看着为自己忙前忙后的丈夫，荷失声恸哭。原来自己就是那只小猪，幸福就在自己尾巴上，自己却一直不知道，远远的去寻找，到头来伤害了最爱自己的人，也把自己弄得伤痕累累。

其实，幸福是什么呢，幸福是平淡生活中的真心相待，幸福是当你渴了的时候，对方给你端过来的一杯水；幸福是你冷了的时候，对方给你递过来的一件外套；幸福是你难过的时候，将你拥在怀里，为你抹一把眼泪；幸福是你下班了，饭桌上做好的冒着热气的饭菜；幸福是你回家晚了，万家灯火之中，只为你点亮的那一盏灯……

用“微笑”来面对生活的每一天

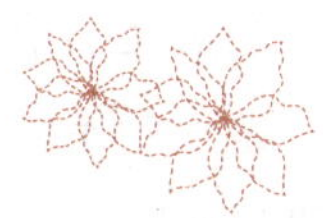

世界名模辛迪·克劳馥曾说过这样一句话：女人出门时若忘了化妆，最好的补救方法便是亮出你的微笑。微笑是上帝赋予人类的特权，微笑是对自己、他人和这世界的最美丽的祝福。

故事发生在希腊首都雅典越老城区帕拉卡的夏天，由于是旅游城市，正值傍晚，游人如织，有位边抽烟边在门口招呼顾客的旅游品商店老板，看见一群游客走过来，情急中想甩掉烟蒂去招呼客人，没想到烟蒂不偏不倚正好扔在身旁一位小伙子手臂上。

小伙子的手臂上顿时被烫出个大水泡，疼得他直跳。这老板见状连忙吐出一连串的“对不起”，之后他背诵起古希腊哲学家苏格拉底的语录：“在这个世界上，除了阳光、空气、水和笑容，我们还需要什么呢？”最后，他送给小伙子一个无比灿烂的希腊式笑容。

小伙子并不懂希腊语言，但被商店老板那灿烂的微笑打动了，只觉得手臂上的疼痛和心里的窝囊气也因此而减轻了，于是他也笑着走进老板的商店，购买了不少漂亮的旅游纪念品。

微笑是沟通人际关系的法宝，一个真诚的笑能拉近人与人的距离，能解除心灵上的戒备，消解人与人之间的误会；微笑是人类最好的表情，是一句不学就会的世界通用语。若是人人都擅长运用这句世界语，让微笑成为组成人际关系的链环，这个世界一定会更美；微笑是一种气质，即使你衣着寒酸，即使你长得不够漂亮，但是如果你始终保持微笑，就能赢得所有的尊重和爱戴，就会焕发出迷人的风采和魅力。

经常保持微笑是一种健康向上的心态，表达的是对生命的欣赏和对生活的热爱，一个经常微笑的人，具有感化人心，给人带来美的力量。并且有时候，微笑还具有意想不到的力量：

有个叫丹妮的女孩正一人在家读书，听到敲门声，打开门，发现一个持刀男子正恶狠狠地看着她。

一阵寒气立即涌上丹妮的心头，她克制住自己，灵机一动，微笑着说：“朋友，你真会开玩笑，是推销刀具的吧？我喜欢这款式，家里正好需要，请进来，我打算买一把。”

丹妮一边说一边让男人进屋，接着说：“你很像我过去的一位好心邻居，看到你真叫人高兴。”

说着，给男人倒了一杯茶，放在他的面前。本来满脸杀气的男人腼腆起来，他有点结巴地说：“噢，谢谢你，我……”

丹妮拿过他手中的那把明晃晃的刀，说：“真是一把好刀，多少钱啊？”陌生男人支吾着说：“你看着给吧。”

丹妮按照市场价给了男人钱，留下了那把刀。男人拿到钱后，临走，迟疑一会儿对丹妮说：“小姐，您将改变我的一生，谢谢！”说完，转身大步走了。

丹妮的一个热诚的微笑，就在瞬息之间，巧妙而不动声色地化解了一场悲剧，同时，也改变了一个人的命运。丹妮发自内心的真诚与善良感动了男子，让男子放下了屠刀，拯救的不仅仅是自己的生命，还有男子的灵魂。

曾经有一对法国夫妇开了一家心理咨询所，天天门庭若市，受到很多人的欢迎，预约号常常要排到了几个月之后。这对夫妇的主要工作就是让每一位上门的咨询者经常操练一门功课：寻找微笑的理由。其实，生活并不是一直都是灰色的，让人沮丧不堪，只要寻找，我们有很多可以微笑的理由。比如，收到一封远方朋友的来信；一个刚刚姗姗学步的婴儿在广场上挪动他笨拙的小胖腿；在电梯门将要合拢时，有人按住按钮为了让你赶到；有人称赞你的新衣服；夜深回家，门外那盏坏了很久的路灯今天亮了；你在摄影时，行人在一旁耐心地等待你按下快门；清洁工在离你几步远的地方停下扫帚，而没有让你奔跑着躲避灰尘。这样的生活细节在我们身边每天都比比皆是，都可以作为微笑的理由，因为这是生活送给我们的礼物。只要我们付出的微笑，相信都会有意想不到的收获。

微笑是人类宝贵的财富，是自信的标志，也是礼貌地表示，给所有的人一个真心的微笑吧。

每天，在你出门的时候，请微笑着对你的家人说再见，他们会更加爱你；在路上，遇见一个陌生人，请保持友善的微笑，那么，你也会收获一个来自陌生人的祝福；坐公交车时，请给司机一个微笑吧，得到你微笑的司机这一天将愉快的工作；给同事一个微笑吧，同事将更愿意跟你合作；给帮助你的人一个衷心感激的微笑吧，那是你人格的体现；请给那些不幸的弱者一个真心鼓励的微笑吧，他们的心里会因此而充满力量；请给下班归来的丈夫一个温暖的微笑吧，那样，你们有可能会共同度过一个幸福美满的夜晚……

辑 4

人脉：给自己织一张“幸福的网”

成功处事，仪礼先行

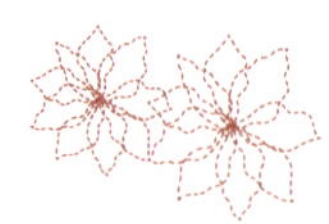

在社交场合中，一个优雅而礼貌的女性，是要具备一定的社交礼仪的。具备了一定的礼仪，可以让你左右逢源、如鱼得水，成为受人瞩目、欢迎的女性。因此，女人在待人接物上，应遵循一些应有的基本礼仪：

吃饭 ◎ 一定要向主人表达谢意

有人请你吃饭时，席上一定要记得称赞主人的美意，同时表达感谢之意，或者也可以提出下次回请的要求。

如果去别人家里吃饭，最好带一点礼物，可以是水果，也可以是束鲜花，有小孩的家庭，可以为孩子买一点礼物。一定要真心地称赞主妇的手艺，这样，家庭主妇会很高兴。千万不要一味地只低头吃喝，也不要只热衷于谈笑而似乎对食物不感兴趣，这都会令主人感到自己的美意被辜负而懊恼不已。

◎ 举止一定要文雅

一个吃相文雅、举止得体的女人，会让人对你另眼相看，受到大家的欢迎。

如果你涂了口红，在进餐前最好将口红擦得淡一些，或干脆全部擦去，以免杯沿沾上唇印。在杯子上留有口红印，是一件极不雅观的事情，如果没有注意到这一点，那就要悄悄将杯子上的唇印擦去。

另外，吃饭的时候，要细嚼慢咽，即使再饿，也不要吃得太急、太快，轻声地咀嚼，不要发出声音。如果吃东西时不小心塞了牙，可以先喝口水试试，千万不可用牙签当众剔牙。

如果在用餐过程中，需要离开桌子接电话或去洗手间，要向旁边的客人打声招呼再走，千万不要自行站起来就走，那是很不礼貌的行为。

见面 ◎ 握手

在日常的社会交往中，见面时相互致意的通行的礼仪，一般便是握手。

因此，在我们出席一些场合的时候，一定要把手洗净，否则会使人难堪。如果戴着手套，应把手套脱去再握手，以表示礼貌。

记住，握手须用右手，握手时要热情，面露笑容，注意对方的眼睛，并说："您好！"、"很高兴认识您！"、"欢迎您！"等亲切致意的话，切不可握手时漫不经心、东张西望，这样会有傲慢无礼之嫌。

一般情况下，在行握手礼时，身体要微微前倾，以示尊重；用力要适当，握得稍紧些，表示热情，但不可太用力，也不可握得太轻，蜻蜓点水似的握手是一种失礼的行为；握手时间一般不宜过长，也不宜过短，一般握手的全部时间应在3秒内；同男人握手时，用力要轻一点儿、时间短一些为宜。

在中国，按一般礼节，应是女人主动伸手，男人是不应该主动伸手的。但是如果对方主动伸出手来，就应落落大方地迅速做出反应，不要扭扭捏捏。

◎ 介绍

不管出席任何场合，常常会结识一些素不相识的朋友，这个时候，就要相互介绍或自我介绍。

在介绍第三者与他人互相认识，你应先向双方打个招呼："请允许我介绍你们认识一下。"或"我介绍你们互相认识一下好吗？"然后再把双方的名字介绍一番。介绍时要亲切有礼，并注意顺序，一般应先把年幼的介绍给长者，将晚辈介绍给长辈，以表示尊重。

为朋友介绍完后，不要立即走开，应稍等片刻，引导双方交谈，等他们能比较融洽时，再托故走开。

如果是自我介绍，态度要谦虚，用词要恰当，不能自我吹嘘。如果是初次见面，过分地表现自己，容易引起对方的反感。

不管是自我介绍还是为他人介绍，在介绍姓名时，口齿一定要清楚，否则会让人误解。最好是做必要的说明，比如说“张”姓的时候，人们不容易分辨是“张”还是“章”，此时就要做一个必要的说明，是“弓”和“长”的“张”。这样，对方就能清晰的记住，便于交谈。

◎ 交谈

两人相互介绍，认识后，下一步的行为就是交谈了。在与对方交谈，当别人说话时，我们要思想集中，眼睛望着对方，静静地听，不可心不在焉或左顾右盼，也不要打呵欠，频频看表，对方会以为你赶时间，或对对方的谈话内容不感兴趣，从而导致尴尬。

交谈过程中，不要轻易打断或插话，要尽量让对方把话说完，以示尊重。万一需要插话或打断对方的谈话时，应表示歉意，然后征得对方的同意，用商量、请求的口气，问一声：“请允许我打断一下好吗？”。“我提一个问题好吗？”否则对方会因为你轻视他或不尊重他，而产生误解。

同别人交谈时，说话要彬彬有礼，用词文明恰当，态度要诚恳，对人要热情，切忌装腔作势，言不由衷。对别人语言当中的某些不当、失误之处，不能嘲笑、讽刺，对别人不愿谈及的事应当尽量避开，也要尽量避免提及对方生理上的缺陷、残废等，否则会让对方难堪。

◎ 交换名片

在双方有了相互的认识后，一般要交换名片。名片是你个人形象的第二身份证明，在人际交往中，可以起到广结善缘、联络老朋友、结交新朋友的巨大作用。因此，要注意交换名片的方法：递名片时，应郑重其事。最好的是起身站立，走上前去，使用双手或者右手，将名片面对对方交予。

在接受名片的时候，如果对方伸出的双手，你也应该伸出双手接过，并且要认真仔细地看名片几秒钟，最好能看着名片，重复下对方的名字，已表示对对方的重视。

记住，如果你的信息有变更的话，应该主动给老朋友名片，通知对方。

访友见客 ◎ **去朋友家拜访时，最好要事先约定时间，不可失约。**要按时到达，不能迟到。如果路遇塞车，可能会迟到的话，要提前给朋友打招呼，让朋友心里有数。

要注意仪表整洁，进门前应先按门铃或轻轻敲门。主人敬茶或饮料时，要双手接过，并说声："谢谢。"在主人家不可东张西望或随手乱翻，如果是一般朋友或上司家，不要逗留太长，要适时告退。

◎ **如果朋友来访，你则要处处表现真诚和热情，礼貌待客，待客的原则是：亲切、热情、真诚、周到。**客人来访时要起立相迎，先请坐，后敬茶，家中如有水果和茶点也可端上来待客。如遇吃饭时间可热情留客人进餐。客人走时，要送出大门或送到附近车站。

学会跟不同类型的人打交道

女人的一生，从上学到工作，成立家庭，送孩子上学等等，要遭遇各种各样不同类型的人。

俗话说："林子大了，什么鸟也有。"其实，人也是一样的，中国有十几亿人口，人当然也是形形色色，虽然人与人是不同的，一个人有一个人的心理、性格和处世方式，但大致可规划为以下几种，可以区别对待：

固执己见型

这种类型的人，一般观念比较陈腐，思想比较老化，却又刚愎自用，自以为是，却从不愿意接受别人的建议和意见。对待这种人，不要试图说服他，不妨单刀直入，有理有据地把他工作和生活中某些错误的做法，一一扩大列举出来，再动之以情，晓之以理地结合眼下需要解决的问题会产生严重后果给阐述出来。这样，面对既定的事实，他即使当面抗拒你，但独自一个人的时候，也会认真考虑事情的后果是否严重，采取正确的方式来解决问题。

毫无表情型

这种类型的人，常常看不到他的喜怒哀乐，面相很呆板，就算你很客气地和他打招呼，他也不会做出相应的反应。其实，是人就有七情六欲，他并非没有喜怒哀乐，只是由于职业习惯，或者性格原因，把激情压抑住了，不表露出来罢了。所以，对于这种人，你不要在乎他的表情，被他的表情所影响，按照你想要表达的事情，认真表达出来就可以了。

自私自利型

这种类型的人，这种人一般不受人喜爱，因为他们永远把自己和自己的利益放在第一位。不要指望他会做些于大家有利、于己不利的事，与这样的人相处，只要首先把他的利益得失摆在前，让他觉得自己是否得益，在利益的驱使下，他会很自然的决定去做或不做。

傲慢无礼型

这种类型的人一般都缺乏自知之明，喜欢以自我为中心，自高自大，刚愎自用，谁也不放在眼里，即傲慢又无礼。对待这种人，最好的方法就是以傲抗傲，长话短说，把需要交代的事情简单明了的交代完就走人，让他的傲气无计可施，他就没有办法了。对待这种人，千万不要低三下四，否则他只会变得更加傲慢无理。

沉默寡言型

这种类型的人一般不善交际与言辞，性格也内向。但并不代表他内心没有想法，对待这种人，你要把谈话节奏放慢，善于引导，引导他到擅长或感兴趣的事情上来，这样，对自己感兴趣的事情，再不善言辞的人也会很有话说，一般情况下，他就不会沉默寡言了。

深藏不露型

这种类型的人自我防卫意识很强，不愿让人轻易看出他的内心想法。这可能与他人生的一些经历有关，大多是曾经的一些事情留下了心理阴影，或者缘于心里的自卑。对于这种人，要热情诚恳，大方坦荡，时间久了，这种人在心理上认可你了，他会主动向你敞开心扉。

性格古怪型

这种类型的人大多是天生遗传，或特殊的后天因素造成的。对待这种人不要对他们有过激的行为和语言，否则会刺激到他们，即使你可能会莫名其妙地与他们“遭遇”冲突，但不要记恨，他们一般是事情过去了也就算了，会仍然像从前一样对你。

你只要按照你自己的原则做事情，时间久了，他也会有自己的价值判断，怎样对你，也会有他们自己的方式。

草率决断型

这种人做事情没有耐心，容易轻言轻信，思路不理智清晰，缺乏深谋远虑，比较草率鲁莽，容易做出错误判断，常常事情过后就后悔。对待这种人，要经常给他泼泼冷水，提醒他的以往的错误，让他保持清醒的头脑，切莫感情用事草率做决定。

无私好人型

珍惜无私好人。这种类型的人是天底下最善良的人，但因为人太好，没有个性，常常被人所忽视，被你忽略掉，但这样的人一般不会坏你的事，你应该珍惜他们，也只有他们才是你可以真心相处的朋友。平时好好对待他们，你会在失意的时候得到他们的帮助。

忘恩负义型

这种类型的人，往往用着你的时候，对你好得不得了，甚至摆出一幅可怜相，你帮助了他后，他却翻脸如翻书，一旦跟他产生利益冲突，不管你以前对他有多么大的帮助，有多少的恩情，他都一概不认账，翻脸不认人。

对待这种人，不要再帮助他第二次，并且尽量跟他拉开距离，不要再打交道。如果要必须相处，就任何事情公事公办，严肃认真，不要太讲情面。

口是心非型

这种类型的人，常常当面跟你说一套，跟别人说的又是另一套，自己做的又是不同的一套，甚至口蜜腹剑，嘴上说得比蜜还甜，可实际上却是一肚子坏水。

对待这种人，少打交道，平时也不要太热情，甚至可以装得不认识他，不要给他接触你的机会。如果万不得已，那就表情保持严肃，除了工作不要讲多余的话，也不要给他讲多余的话的时间。对于他说的话，自己不要轻信，相信自己的理智判断，让他的口是心非没有发挥的机会。

作为我们女性，不管是遭遇以上哪种类型的人，只要理智清醒地分析身边的人，看清楚他们是那种类型的人，针对特点，区别对待，坚持自己的原则和处理事情的方式，就能游刃有余的跟他们相处。

成功需要网，每天密密织

女人，作为社会中的一员，肯定要与很多人相互交往。但交往与交往的方式不同，聪明的女人，会从一般的交往中，在看似平常的双方相互通通话，吃吃饭的过程中，与人建立一种良好的关系和友谊，从而织就成功关系网。只要织就一个成功的关系网，就会产生意想不到的奇迹。

作为女人，如果想如鱼得水地穿梭于社交场合，为自己织就一个成功的关系网，有许多的技巧和经验可循：

◎ 要经常出席一些重要场合

要让大家在一些重要的场合经常看到你的身影，因为重要的场合不仅可以跟自己的老朋友相聚，进一步交流，巩固感情，而且还会借这个机会，结识不少新朋友，扩大自己的关系网。因此，对自己人际关系很重要的活动，不论是升职派对，还是其女儿的婚礼，如果没有特殊事情，都应该出现。

◎ 要学会推销自己

在与人交谈时，要尽可能地推销自己，让对方对你的印象深刻，从而记住你。可以主动得体的介绍自己，让对方多了解你的信息，多跟对方谈一些共同感兴趣的话题。

比如在介绍自己的时候，可以这样说："我在公司做文秘工作，是总经理助理。平时最喜欢逛街，听王菲的歌，也喜欢上网聊天，打游戏。"这样几句话，就把自己的工作，兴趣和爱好，简单明了的说明了。这样，不仅给你的回答增添了色彩，也为对方提供了几个话题，其中肯定说不准就有对方感兴趣的。另外，多了解一些对方的信息，为建立自己的朋友档案，打下基础。

◎ 与接触过的每个人保持积极的联系

要与接触过的每个人保持积极的联系，时刻经营和巩固自己的关系网。聪明的女人，会创造性地运用自己的日程表。记下那些对自己的关系特别重要的人的特点、性格以及资料，比如生日或节日，可打电话或发信息给他们，表示你在心里想着他们，联络了感情。这样，对方就会不断地被提醒地想起你。

◎ 多为别人做事情

跟朋友交往，不能挑剔对方，老想对方的缺点，也不要抱怨对方："你能为我做什么？"要想朋友对自己好，首先要经常问自己："我为别人做什么？"

当朋友的情绪跌入谷底的时候，要及时给朋友以最大的慰藉和帮助。这样，朋友才会将心比心的愿意多为你做事情。

◎ 保持信息畅通

要知道朋友近阶段的动向，遇到朋友升迁或有其他喜事要记得在第一时间内赶去祝贺。当你的关系网成员升职或乔迁新居等，一定要真诚的祝贺他们。同时，也让他们知道你个人的情况。

◎ 利用好自己的旅行

到某个城市出差，如果你的旅行的地点正好邻近你的某位关系成员，要记得邀请人家共同进餐，进行联系和沟通，从而不断加深自己的关系网。

◎ 要知恩图报

当你的关系网里的朋友，在某个事情里给你帮了忙，事情做完后，不可过河拆桥，要记得感谢人家，可以通过送礼物或请客吃饭来表达谢意，一个知恩图报的人永远都受欢迎。

◎ 要慷慨大方

自古以来，慷慨大方的人最受欢迎，因此，不要跟朋友斤斤计较，要注重细节。出差的时候，给朋友带个礼物，或者在朋友需要帮助的时候，在不违反原则的情况下，要有求必应。

所有的人都会对一个自私、小气的人敬而远之的，所以，想有很好的人缘，一定不要小气，即使你是个女人，也不行。

说话是一门艺术

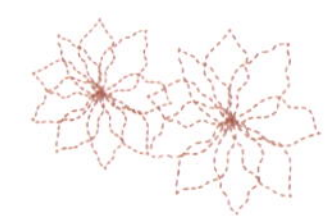

有个女孩比较直爽，常常喜欢在朋友或同事面前口无遮拦地说话。比如今天小王的头发有点乱，她就会大惊小怪地说："哎呀，小王，你今天像顶着个鸟窝来上班哦！"弄得小王一上午不敢到大家面前去。

女孩还会在见到女朋友之后，打量对方一下，然后口无遮拦地说："你怎么比以前又胖了呀！"、"你这个衣服颜色的搭配显得你肤色好暗啊！""你的鞋子款式是去年流行过的呦！"……常常弄得朋友脸上挂不住，不是无趣地走开，就是抢白她一顿。久而久之，很少有人喜欢跟她交往，女孩十分委屈，她觉得她说的可都是实话啊！

在社交场合中，不管与任何人相处，说话都是需要技巧的。说得好，大家才会对你印象好，反之，如果笨嘴拙舌，或者口无遮拦，就会像上面提到的女孩那样，不受人欢迎，最后连朋友很难交上，自己的自信心肯定也会受到打击。

因此，要想在社交场合上做一个受人欢迎的女人，谈话是需要技巧的，掌握以下几点秘诀，可以帮助你做一个舌绽莲花，受人推崇的女人。

◎ 要有足够的理解力

人们都喜欢跟能理解自己的人说话，因为对方能清楚地表达出不只关心你所说的话，也关心你的感觉。所以，当别人告诉你他换了新工作的时候，你也要为对方高兴得说："哦，棒极了！"别人情绪不好，向你倾诉的时候，你不要无动于衷，也不要深表同情，应耐心安慰对方才是。

◎ 要先想好再说

与人交往，往往会因为我们不经意的一句话而引起他人的不悦，"祸从口出"就是这样的道理，所以要避免说错话才行。但是怎么避免说错话呢？最好的方法，就是在你说任何话之前，都该先想想自己想说什么、该说什么。就像上面的女孩，她说的也许根本就没有错，但是错在过于心直口快，根本没想到自己的言词可能对别人造成的伤害。

其实，某些时候，有一些实话并不受人欢迎，因此，在说话时不能不经过大脑，在要说出口之前，先想想看，对方听了会有何反应？如果是我，别人对我说这样的话，我会作何感想？……在很多的情况下，如果在说话之前，留哪怕停留一秒钟的时间，考虑下自己的话当说还是不当说，相信结果肯定会不一样的。

◎ 说话要看时机

说话看时机很重要，否则再好的话，再动听的语言，你也只会浪费力气，对牛弹琴，白白错过了让别人接受你意见的大好机会。

比如，你的丈夫因为某个原因，把一笔很好的生意给做砸了，垂头丧气地回家了，而这时，你也正好因为从菜市场买菜的时候，跟小贩吵了一架，正在气头上。这个时候，就不是你朝丈夫发牢骚的时机，最应该做的事情是心平气和地为丈夫煲个汤，或轻声地安慰失意的丈夫。等丈夫心情好转了以后，再向丈夫唠叨菜市场吵架的事情，丈夫会感激你为他做的一切。

◎ 说错话后，要立刻道歉

在意识到自己说错话后，要勇于认错，这很重要。因为没有一个人一生都没有说过错话，偶尔说错话很正常，一旦察觉自己说了不该说的话，应马上设法道歉更正，每个人都认可勇于认错的精神，即使对方因为你的冒失而受到了伤害，如果你及时道歉的话，对方看到你的诚意后，就不会再责怪你。

◎ 谈话不是争辩

有种人喜欢在跟人交谈的时候，总是压倒对方，认为自己的观点才是对的，把对方说服会有一种快感。

这种人一般好胜心强，有较强的控制欲。但是要记得，谈话是沟通，不是竞技，也不是统治。如果你常在他人的话里寻找漏洞，常为某些细节争论不休，或常纠正他人的错误，藉以向人炫耀自己的知识渊博、伶牙俐齿。这样的话，即使是目的达到了，你觉得你还会受到大家的欢迎吗？如果是这样做，一定会让人留下深刻的印象，不过那是不好的印象。这些人往往忽略了沟通的技巧，因为他们把交谈当成了辩论，而不是信息、想法与感觉彼此交换的过程。

◎ 心情不好时，情绪不可强加他人

可以理解，人在心情不好的时候，肯定很想发脾气、发泄一番。但是，千万不要把你的怨气发泄到对话人的身上，你夹枪带棒地跟人说话的态度，会让人受不了的，如果知道你心情不好而说话伤人，会让对方心生怨恨。因此，要对事不对人，不可把你的情绪转移到不相干的人身上来，即使因为某件事情让你愤怒万分，但你跟别人交谈的时候，一定要忍住怒火。实在忍不住，可以巧妙的早点结束谈话，也不要伤及无辜。

◎ 具有幽默感受人欢迎

人们都喜欢有幽默感的人，如果在谈话中，对方妙语连珠，自然会令谈话愉快地进行，说者开心，听者也是一种享受。如果你不是天生具有幽默感的人，不会说笑话，那你也要做一个善解“笑话”的倾听者。试想，有人说了笑话，而你仍板着脸，满脸的麻木不仁，那将是多么的无趣!

◎ 时刻保持微笑

在跟人谈话中，保持自然的微笑，是对对方讲话的接受和鼓励。如果一个女人笑靥如花，又能够耐心地倾听对方说话，或不时地表达一下自己的意见，这样的氛围和感觉，一定会让人非常开心，这样的谈话和交流是让人非常愉快的。

懂得赞美，获得好人缘

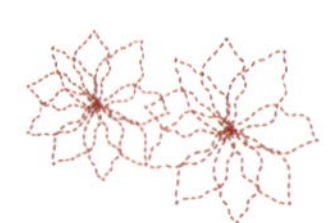

有人说，赞美是一把火炬，在照亮别人的生活的同时，也能照亮自己的心田。赞美，有助于发现被赞美者的美德，推动彼此之间的友谊健康地发展，还可以消除人与人之间的误会和怨恨。

赞美是一件好事，但并非易事。拙劣的赞美只能算是拍马屁，即使你是真诚的，也会引起对方的反感。因此，如何对别人进行恰到好处的赞美，是一个聪明女性必须掌握的技巧：

◎ 赞美要发自真心

赞美的话是人人都喜欢听的，但并非任何赞美都能使人高兴。有的人明明腿短，你偏要赞美人家穿裤子好看；明明长得黑，偏要说人家肤色亮；明明身体虚弱，偏要说人家身体健康，像练过健美操似的……无根无据、虚情假意地赞美，对方不仅会感到莫名其妙，而且还会觉得你油嘴滑舌、诡诈虚伪。

能引起对方好感的只能是那些基于事实、发自内心的赞美。真诚地赞美别人，不仅会使被赞美者产生心理上的愉悦，拉进你们之间的距离，还可以使你经常发现别人的优点，从而使自己对人生持有乐观、向上的态度。

◎ 赞美要合乎时宜

有诗曰："美酒饮到微醉后，好花看到半开时。"赞美也是如此，赞美也要见机行事、适可而止，做到合乎时宜。

有位有经验的心理专家给我们举例子：当朋友向你诉说她正计划着做一件有意义的事时，你一开头的赞扬能激励她下决心做出成绩，中间的赞扬有益于她再接再厉，结尾的赞扬则可以肯定成绩。这样做，我们就能达到"赞扬一个，激励一批"的效果。

◎ 赞美要因人而异

教学要因材施教，而赞美则要因人而异。因为每一个人都有不同的个性，每一个人都有自己独特的特长。比如，对于女孩子，你就赞美她漂亮，如果不漂亮，你就可以赞美她可爱，如果不可爱，你就可以赞美她温柔，如果不温柔，你就可以赞美她有个性，如果没个性，还可以赞美她脾气好；而对于老年人，要多赞美他引为自豪的过去；对于年轻人，我们就不妨赞美他的创造才能和开拓精神；对于经商的人，可称赞他头脑灵活，生财有道；对于有孩子的母亲，如果赞美她的孩子聪明可爱，她则会喜不拢嘴……这样，因人而异，突出个性，有特点的赞美比一般化的赞美能收到更好的效果。

◎ 赞美可随时随地

在日常生活中，要想赞美别人，可以随时随地进行。要养成欣赏别人优点和长处的习惯，哪怕只是微小的长处和小小的进步。因此，交往中应从具体的事件入手，善于发现别人哪怕是最微小的长处，并不失时机地予以赞美。如果对方经常感受到你的真挚、亲切和可信，你们之间的距离就会越来越近。而你也能从赞美别人中，取长补短，完善自我。

◎ 多赞美一些需要你赞美的人

很多人只会赞美那些早已功成名就的人，或自己以后能用得着的人。而不屑于赞美那些被埋没而产生自卑感或身处逆境的人。对于前者，你的赞美是锦上添花，而对于后者，你的一声真诚赞美、一个赞许的目光、一个夸奖的手势，等于雪中送炭，自卑的人有可能因为你的赞美振作起精神，大展宏图，产生意想不到的效果。

修炼你的“拒绝功夫”

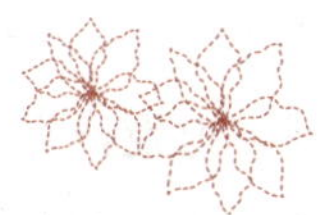

在日常生活中，对朋友、家人、同事甚至上司的一些请求和需要，我们很难事事都做到“有求必应”。常常会遇到想拒绝又无法开口；不拒绝，自己又做不到或不方便做。因此，学会拒绝也是一门艺术。如何拒绝别人，也需要我们认真修炼：

◎ **真诚地说出你的真实情况**

很多女性在拒绝别人的时候，因为不好意思而不敢实话实说，吞吞吐吐、模棱两可，采用闪烁其词的方式，这样一来，反而让对方产生很多不必要的误会。

其实，别人有求于你的时候，也会有被拒绝的思想准备。只要你真诚地向对方表达你的实际情况，对方也会从你的实际情况出发，换位思考，很自然地接受你的拒绝。

千万不可把自己没有把握的事情，为了逞强而答应下来，如果能够把事情圆满地解决还好，一旦解决不了，反而给朋友造成麻烦，耽误了解决事情的良机。与其如此，不如痛痛快快地告诉朋友，说清楚你的困难，告诉他你做不到，朋友才会继续找别人来寻求解决事情的办法。这样做，于己、于人都有好处。

◎ 拒绝要趁早

当朋友有求于你的时候，如果不想接受，就要及早拒绝，以免耽误对方的计划。拒绝一定要据实向对方表明你的态度，避免迂回曲折，最好让对方有所准备。当然，在拒绝的时候，语气要尽量委婉，但要把你想要表达的意思说清楚，让对方理解你的意思，并且还要让对方明白：这一次拒绝，还有下次机会。

◎ 拒绝也要照顾对方的自尊心

换个角度来看，当我们有求于别人的时候，常常会有很微妙的心理变化，很希望对方能答应我们的要求，又怕被对方拒绝而尴尬。因此，人人都有自尊心，当我们在拒绝别人之前，要好好考虑，考虑好我们怎样说，才会照顾到对方的自尊心，不致让对方尴尬。

直接拒绝的方式无疑会使他们下不了台，我们不妨委婉地说明你的不便之处，并且对自己不能答应对方的要求表示很诚挚的歉意。这样，既给对方留下了足够的面子，又让自己不会感到很尴尬。

◎ 动之以情，晓之以理

有的情况是你能做，但是提出要求的对方的要求是错误的。比如女友被男朋友抛弃，女友痛不欲生，找到你，让你帮助她跟她一起去男朋友单位找他，并且说，如果男朋友不回心转意，就去找他们的领导哭闹。在这种情况下，这个忙是不能帮的，因为女友是处于冲动时期，在不理智的情况下做出的反应是不理智的。此刻，你不要立即拒绝，而是要动之以情，晓之以理，以理智、冷静的言语来安慰女友，然后把如果这样处理这个事情会产生的后果说给她听，千万不要火上浇油。

如果她一定要一意孤行，你不能劝阻她的行为，你也一定不能拒绝她的请求，但是，你要把立场摆明：你是她忠实的朋友；自己并不强迫她接受反对的意见；你是最关心她的人，是从她的长远利益来考虑的。

一般情况下，有了你这番条理清楚的分析，女友的冲动情绪也一定会平静下来，就会认真考虑自己应该怎么办。

其实任何的拒绝，都会是对对方的一种伤害，但是，聪明的女性会把这种伤害减轻到最低，她们知道，只要在真诚的、善意的、可信的情况下来拒绝别人，就会得到谅解。

女人成功社交的黄金定律

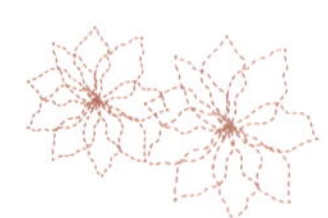

女人在社交过程中，只要遵循以下原则，就一定能在社交场合中如鱼得水，左右逢源，做一个令人瞩目的女性。

◎ 真诚尊重

所谓“骗人一次，终身无友”，讲得便是与人交往要实事求是、真诚待人，不说谎、不虚伪、不骗人、不侮辱人，要相信他人，尊重他人。

◎ 平等适度

与人交往要平等对待，不骄狂，不我行我素，不自以为是，不厚此薄彼，不以貌取人，不以职业、地位、权势压人，而是应该时时处处平等谦虚待人。并且做到既要彬彬有礼、不卑不亢、热情大方，又不能轻浮谄谀。

◎ 自信自律

自信是一个人良好的心理素质。在社交场合，只有充分信心的人，才能在交往中不卑不亢、落落大方，获得大家的认可和尊重。

◎ 信用宽容

孔子说：民无信不立，与朋友交，言而有信。在社交场合，要讲究守时守信，守时，即与人约定时间的约会，决不应拖延迟到；守约，即答应别人的事情就要说到做到，即言必信，行必果。宽容则是一种胸怀，容许别人有行动与见解自由，是对不同于自己大众观点的见解的容忍。

在掌握这四个原则的基础上，作为女性，在社交场合需要注意以下几个细节：

◎ 在公共场合不要耳语

一般情况下，耳语会被视为不信任在场人士所采取的防范措施，因此，在大庭广众之下，与同伴耳语是很不礼貌的行为。

◎ 不要放声大笑

无论你听到什么惊天动地的有趣佚闻，在社交场合也不要放声大笑，这不是一个优雅女性应该采取的姿态。因此，不管遇到什么事情，都要保持沉稳的仪态，既不要惊呼尖叫，也不要放声大笑。

◎ 不要滔滔不绝地抢话

在社交场合若有人与你攀谈，落落大方的简单回答几句就可以了。切忌滔滔不绝，向人汇报自己的身世，或向对方详加打探，或者拉着人家就大讲特讲你的遭遇和委屈，不让对方插话，这样很容易把人家吓跑。

◎ 不要老是板着脸

即使是心情不好，也要调整自己的情绪，面对初相识的陌生人，可以交谈几句无关紧要的话开始，切忌板着脸，坐在那闭口不语，像有人欠了你很多钱一样，这样的女人，所有的人都会敬而远之。

◎ 不要在众目睽睽之下化妆

如果需要补妆，必须到洗手间或附近的化妆间去，女性朋友千万不要当着别人的面补妆，在公共场所化妆，等于是当众换衣服，十分不雅。

◎ 举止不要忸怩忐忑

不要忸怩忐忑，假如发觉有人在注视你，或者有男士向你主动打招呼攀谈，要表现得从容镇静，落落大方，自然应答。若对方与你素未谋面，也不必忸怩忐忑或怒视对方，实在不想打招呼，可以巧妙地离开他的视线范围。

◎ 说话不要过分固执

谈话交流中，难免有意见不同的时候，如果出现了这种局面，不必过分固执，因为过分固执既无益于自己，又显得没有涵养。通常的情况下，遇到什么问题，不要急于表达自己的态度或发表意见，谨慎的沉默就是精明的回避，也是有涵养的表现。

◎ 不要说谎，失信他人

不要跟朋友或同事说谎，否则会失去朋友同事的信任，这是你最大的损失。并且如果对朋友做了承诺，要守信用，如果做不到，就要避免说大话，做不到的宁可不说。否则会损坏你的声誉，对你的为人产生不利影响。

◎ 说话不要冗长累赘

说话不要冗长累赘，否则会使人厌烦，自己也很难达到目的。简洁的话语能使人愉快，便于人们接受，简洁明了的清晰的声调，一定会使你事半功倍。

千万不要做鲁迅笔下的祥林嫂，见了谁都要唠叨自己的不幸，如果是这样，时间久了，人家一见你就会远远地躲开。

漫长的婚姻生活，充满了“柴米油盐酱醋茶”的琐碎，丈夫与妻子曾经的激情很容易就被淹没在生活中的角落里，但是，聪明的女性懂得怎样来经营自己的婚姻，把男女之间的激情转换成一种天长地久的亲情。让双方渗透在一起，谁也离不开谁。即使是发觉爱人的心渐行渐远，她也会懂得运用自己的爱和智慧，唤回爱人曾经的情感，重新让他们的婚姻拥有生命力。

辑 5

家庭：

女人幸福的安乐窝

用十大细节“考察”他

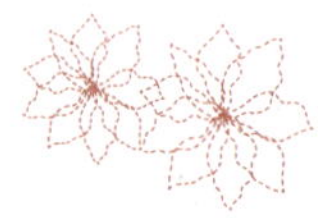

很多处于热恋期间的女孩子，在面对男友的求婚的时候，要冷静理智的考虑，他是否真的是能够与你相伴一生的伴侣？聪明的女孩子，有很好的预知性，用心用眼看男人的10个方面，以此衡量对方是否适合自己，共度一生。

◎ 观察他的生活空间

要观察他的家里摆设，是摆满书还是摆满球赛优胜奖状，是不是摆着与家人的合影，家里是整洁条理还是凌乱不堪，如果凌乱不堪，或许是他一时没空收拾房间，但如果他就是不爱整洁，那他将很难改变恶习。从这些你要判定，自己是否适合跟这个男人生活在一起，你能否接受他的这些生活习惯？

◎ 观察他的朋友圈子

“物以类聚，人以群分”，你可以通过他的朋友圈子，来真实地了解他。如果你不喜欢他的大多数的朋友，这就提醒你：他不适合你。另外，男人结交一些女友也不是坏事，这有助于他理解女性特点，也表明他能与异性交流。但是，如果他只有女朋友而没有男朋友，那你就要仔细考虑了，那他极有可能是个在男人面前没有信心的人，需要在异性面前树立自己的自信心。

◎ 观察他是否喜欢小孩

如果一个男人十分喜欢小孩，还乐于与小孩交谈，甚至伏身听孩子说话，趴在地板与小孩一起游戏，这个男人无疑将成为一个好父亲，他值得你与他继续发展下去。如果嫌小孩麻烦，拒绝对小孩的亲近，那他就永远不会成为一个好父亲。

◎ 观察他是否守时

与他约会，他常常迟到，说明他对你缺乏起码的尊重。这样的男人，无论他怎样花言巧语地为自己辩解，你也不要为之所动，因为他根本并没怎么把你放在心上。

◎ 观察他对前女友的评价

当你问起他的前女友的时候，要看他如何评价自己的旧爱。如果他大讲特讲前女友的坏话，说明这个男人靠不住。既然曾经相爱，为什么要诋毁其名誉呢，不难想象如果你们分手后，你就是他前女友的新版本。只有尊重自己以前的女友，才是大度的男人。但是，如果他总是在你面前说前女友的好话，那就说明他仍旧情难忘，你要认真考虑。

◎ 观察他对母亲的态度

一个母亲的好儿子，才是作为将来的好丈夫、好父亲的前提。所以，观察他对母亲的态度很重要。如果一个对母亲不好的男人，你不要去亲近了。连对母亲都不好的男人，他将来也很难懂得爱自己的妻子。但是，也要注意，如果男人过分依恋母亲，言听计从，很可能缺乏独立性，这样的男人很少有男子汉的气概。

◎ 观察他的金钱观念

对金钱吝惜、小气的男人在情感方面，也注定斤斤计较；而总是抢着付账的男人，也有可能并不是很大方，有可能他想控制女友。而挥霍无度，经常透支，甚至负债累累的男人，你还是敬而远之为妙。

◎ 观察他的生活态度

如果他总是在你面前充满温情地谈起自己的家庭，这样的男人毕竟也属于温情脉脉，注重家庭的那种；如果他希望你与他共享欢乐或分担痛苦，这种人比较自私。对于那类喜欢对人品头论足，看不起任何人，听信传言，甚至对别人的遭遇幸灾乐祸的人，这种男人则不可交。

◎ 观察他对工作的态度

从某种意义上讲，男人对工作的态度就是对生活的态度。对工作认真负责的男人，对家庭也往往尽心尽责，如果凡是在工作上稍不顺心就跳槽的男人，也几乎可以预料有朝一日，夫妻关系一旦出现挫折，他也会一走了之。

◎ 观察他的心理是否健康

有些男人喜欢对人冷嘲热讽，其实这是借贬低别人来抬高自己。这类男人的心理不健康，还有些男人喜欢无缘无故地发火，甚至无端朝天空大吼大叫，还可能对餐厅的服务员无理取闹等，这些现象都非常正常，他可能是在精神方面潜藏着隐患,有发展成抑郁症的危险。此类男人让人不可捉摸，最好敬而远之。

如果你的男友通过了以上10个方面的考察，那还等什么，快点嫁给他吧!

做丈夫眼中完美的妻子

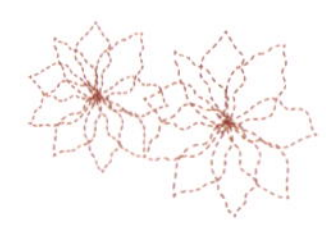

怎样的妻子才是丈夫眼中完美的妻子？是扎着围裙，蓬乱着头发，素面朝天地炒菜、烧饭、擦地板，像个保姆一样为整个家庭鞠躬尽瘁、死而后已？或者像广告里的太太们那样，在上述基础上补了些脂粉，装扮出温柔贤淑，满脸幸福地述说自己喜欢用什么牌子的洗衣粉或抽油烟机为丈夫和孩子洗衣服、做饭？

一个完美的妻子不仅要有温柔贤淑，为丈夫做好贤内助，还要有更多的优点。现代中国历史上著名的国母——宋庆龄就是这样一位令人尊敬的伟大女性。

1893年1月27日，宋庆龄诞生在上海一个牧师兼实业家的家庭。她的父亲作为孙中山的朋友和同志，是她的第一个启蒙老师。少年时代，她即负笈异域，在美国接受了“欧洲式的教育”，受到民主主义的洗礼。辛亥革命推翻了清朝专制统治，使她对祖国的独立、自由、民主和富强满怀憧憬。父亲源源不断寄来的书信与剪报资料，在她的心中与孙中山领导的革命事业架起了桥梁。

然而，共和国在摇篮中被扼杀，革命的大潮已经消退，宋庆龄学成归国改革和建设祖国的抱负无法施展。她径直到流亡的革命党人集中的东京，不久即担任了孙中山的助手，从此开始了她长达70年的革命生涯。

1915年10月25日，宋庆龄不顾父母的反对，毅然决定与流亡中的孙中山结婚，以坚定的步伐、毫不犹豫的态度，义无反顾地跟随孙中山踏上了捍卫共和制度的艰苦斗争历程。

1925年3月12日孙中山在北京逝世。他把“和平、奋斗、救中国”的嘱托交给了宋庆龄和他的同志。

当日本帝国主义对中国的侵略不断扩大，民族矛盾上升为社会主要矛盾的时候，宋庆龄在这严峻的历史关头，为实现国、共两党合作，一直抗日起到了巨大的作用，用她的行动，实践了国父孙中山先生生前提出的“联俄、联共，扶植农工”的政治主张，为中华民族的团结起到了不可替代的巨大作用。

作为一个受过良好教育的女性，首先要有自己的事业和独立的空间。将事业和家庭当作生活中的两个主角，努力工作，它将为你带来一份优厚的收入，让你拥有一份简单的独立心情。同时，还能帮助你与丈夫共同承担一个家庭的责任，可以做到与你的伴侣真正的同舟共济。另外，事业让女性一直处于潮流先锋，让你拥有一个永远年轻的心态。

其次，休闲时间里，也要做个出得厅堂、下得厨房的标准太太。同时，也会动员先生和自己一起创造美好温馨的家居生活。根据男女性别的差异，女性天生感性柔弱，男性天生理性刚强，而这恰恰成了家居生活中自然分工的依据。涉及情调、色彩、小摆设的感性的东西自然是女性把关，一些线路呀，家用电器维修呀，理所应当地由他担任了。这样，两人共同动手做家务，男女搭配，干活不累！

最后，女性要拥有属于自己的独立空间。生命诚可贵，作为女性要永远珍惜自己、爱自己，并努力让自己完美。

杜拉斯曾经说过，找一个空间独自留在那里，然后去爱。因此，无论与先生多么默契，始终拥有一个绝对私密的自我空间，在这个空间里，你可以去反思、去思考、去更深的了解自己。我们的生活会因此而变得更真、更善、更美。同时也让自己随着年龄的增长而趋于完美。

相见不如怀念

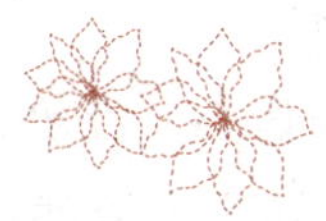

初恋是人生初始的第一段情感，因为它的初始，给人带来了其他情感所无法代替的甜蜜和惆怅，但是初恋的对象最终成为配偶的情况并不普遍。因此，初恋留给我们的深刻记忆将与众不同，这段人生最美好的回忆，藏在了人们的内心最深处，使人无法忘怀。

台湾流行乐坛最具实力的词曲作家和唱片制作人李宗盛的歌曲《鬼迷心窍》，便是描写怀念初恋情感中的经典：

曾经真的以为人生就这样了
平静的心拒绝再有浪潮
斩了千次的情丝却断不了
百转千折它将我围绕
有人问我你究竟是哪里好
这么多年我还忘不了

春风再美也比不上你的笑
没见过你的人不会明了

记得曾经听说过一个故事，一位八十多岁的老人临终前，其老伴问她还有什么愿望未能实现，老人说，她想在临终前最后看一眼她的初恋。

老伴听了后，十分伤心，没想到跟自己一起生活了快七十年的老伴，在临终前的愿望竟然是看一眼自己的初恋！

老人可能没有想到，自己的初恋也是八十岁老态龙钟的老人了，不再是她记忆中潇洒多情的少年郎，如果真的见到自己的初恋，又将是怎样的失望呢！

李敖的一个朋友来大陆探亲，临行前对李敖讲，他想借此机会去见一见自己的初恋情人。李敖给这位该朋友的建议是千万别见，见了一定会后悔，但他的这个朋友终于克制不住想见一面的冲动，他按时到了他们当年分手的那个桥头，在桥的那边，颤抖地走过来一个拄着拐杖的老太婆，他吓得夺路而逃。他把当时的感觉说给李敖听，李敖听了哈哈大笑。

其实，在很多时候，对于初恋情人最好的态度是“只愿来世再见，不愿今生重逢”。因为，你深深眷恋的那个人，时光已经把他定格在那段年少的时光里，你爱的也是那时那刻的人，你依恋的是那美好的、再也不会重来的美好感受。

如果有一天，曾经初恋的那个人真的走到你的面前，他也许只是一个普通的孩子父亲，一个被生存煎熬得不复潇洒的中年男人，也许是一个双鬓上了银丝的快要抱孙子的老人。

初恋，他就是我们生命中必然要爱的人。生命中注定会爱上的那个人，必然是在一个合适的时间、合适的地点，在我们合适的心境下出现的那个人。我们和我们的初恋情人分开之后，在没有他(她)的岁月里，我们又经历了许多，即使再遇到或者找到当初的那个人，也早已是物是人非，时过境迁了。

“相见不如怀念”，与其去怀念这个无法实现的梦，不如把美好的感情和时光存放在心底。

这样的初恋就如同乡愁，人的记忆会把很多东西美化，隔一段时光和空间，遥遥相望，那种记忆一定充满了美好的回忆，但如果你真的回到家乡，你就会发现，家乡只能是用来怀念的，她只有停留在记忆中才是最美的。

但是，能够有过初恋的人是幸运的，并且在初恋中尝到苦涩的人，也是幸运的。正是这样一段没有结果的爱情，给了他们爱的教育，让他们真正懂得了什么是爱，懂得了珍惜爱情，对于一个男人来说，是一次生命的新生，对于女人来说，是一次痛苦的蜕变。

经过初恋伤害的女子，就像是成为蝴蝶前的蜕变，只有伴随着这种疼痛，才能蜕变成蝶，获得一个崭新的生命，灵魂才能因为经历过黑暗的束缚而自由地舞蹈。

所以，在许多年之后，当痛苦经过时光的沉淀，当我们的心灵变得异常平静时，总有一天，我们会深深地感激那个曾经深深地伤害过我们的人，并由衷地为他祝福。

所以，初恋是两个人开始的，但最好由一个人来结束。需要我们一个人来独自回味这种曾经的甜蜜和遗憾，这是时光历经沧桑留给我们最为宝贵的礼物，是一个人一生记忆的财富。

深深地祝福这个在我们记忆中爱着的人吧，感谢生命对我们的赐予，让我们的生命因此而丰富和多姿多彩。

永远不做第三者

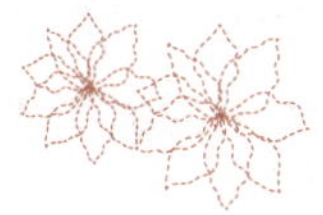

雯是一个单纯、文静的女孩，21岁前竟然没有谈过恋爱，她身边不乏追求者，却从来没有人让她动心过。

然而，她最后还是选择了自己的爱情，但是她在这场恋爱中扮演的角色并不光彩，是人人喊打的第三者。与她相爱的男人有家室，还有一个三岁的女儿，他的女儿聪明、可爱。原本雯是不计较他有家室的，她原本想这样不计名分地爱他一辈子，但是她发现自己想要的已经越来越多……

这段孽缘起源于雯上大三的时候，周末，跟女同学出去上网查资料，附近的网吧人都满了，没办法，他们俩只好去了离学校较远的一家。

本来学校就在郊区，经常有一些闲杂的人在附近活动，但为了交论文，两人也没顾虑太多。两人从网吧出来的时候，天已经有些晚了，让他们没想到的是，在往学校赶的时候，经过一个马路黑暗的拐角，被两个男人拦住了，女同学吓得拼命跑了，雯却吓得傻在那里，当她反应过来的时候，两个男人已经向她靠近来了……

如果没有林的出现，雯不敢想后果会怎样。林恰巧开车从这经过，救下了可怜的雯，并送她回了学校。

自古英雄救美女，美女总是要以身相报的，雯和林最终也没有免俗。刚开始的时候雯只是感激林，但时间久了，林作为正义的英雄和成功人士的典型代表，很轻易地就俘获了雯的芳心。

大四的时候，雯和林有了突破性进展，她做了林的情人，尽管她知道他有家室，还有个小女儿，但她觉得能拥有林的心就足够了。

雯毕业后，顺理成章地被林安排到公司里做事，两人一直秘密保持着情人关系。

有一次，雯不小心怀孕了，林想想都没想就让雯立即去打掉孩子。雯一个人躺在手术台上的时候，身心经受着巨大的摧残。没有人知道她为一个有妇之夫怀了一个孩子，社会不能接受这个小小的生命，而她却又是那么的爱这个孩子，这是他们爱情的结晶啊。

从医院出来后的雯，人变得十分抑郁了，她不能忍受自己把一个小小的生命——他们爱情的结晶给杀死。终于，她向他提出了跟他结婚的要求，这是做他的情人的第三年。男人当然不会同意，雯一气之下从公司辞职，搬出男人为她租的房子。

男人没有挽留她。几天之后，雯又自己回来了，她离不开这个男人，她爱他如此刻骨铭心。男人带着胜利的微笑，他看着她成长的这几年，她在他眼里几乎是透明的。

以后的几年里，雯不断地要求男人离婚，男人有时敷衍她，有时拒绝她，雯整天生活在感情的水深火热之中。

终于，有一天，男人的妻子找上门来，带着自己娘家的兄弟和姐妹，在众人仇恨和鄙视的眼光里，雯感觉自己就像一只被关在笼子里的老鼠。她的脸被打肿了，头发被撕扯下几缕，睡衣被扯破了，听到了从出生以来最难听的脏话，被左邻右舍的人们盯着议论，没有人上来阻拦。模糊中她听到有人鄙视地说："做什么不好，做人家小老婆，活该！"

她带着满身心的伤痕，离开了这座让她绝望的城市，在这座城市里，她给人当了6年的第三者，6年美好的青春和光阴，都生活在地下，没有人知道她的痛苦，无法光明正大地在白天挽着心爱男人的手去自由自在地散步。她的痛苦也无人理解，更无法倾诉。

离开的时候，正好是雨后的晴天，男人偷偷地赶来送她，她突然间觉得自己好傻，6年竟然是这么度过的，想到离开这个城市，这个男人，竟然有一些自己意想不到的轻松。

雯是不幸又是幸运的，不幸的是，她浪费了自己6年的青春，让自己最美好的6年卷入痛苦的纠缠之中；但幸运的是，她还有勇气去面对新的生活。

不知道有多少女人在遭遇一段这样的情感变故之后，都不能正常地继续生活，作为第三者，他们常常在破坏了另外一个家庭，伤害了另外一个无辜的女人之外，也把自己深深地伤害了。当了第三者的女人身心所遭受的那种痛苦，绝不亚于那个在婚姻中遭到背叛的女人的痛苦。但是，第三者原本是可以控制自己的，当她知道男人有家室的时候，不管有多么爱，都应该主动离开。

你的离开，对自己来说，是一种安全的保护，对你们的情感是一种珍爱，对另外一个女性来说，也是一种尊重。

聪明的女人，是永远都不会做第三者的，因为她知道，女人总把爱情看得很重，而男人有时要的并不是爱情。他可以对你蜜语甜言，他可以和你缠绵缱绻，但在他内心深处，最在意、最看重的，仍是他的结发妻子和他的家。

所以，奉劝所有的女性，一定不要做第三者，因为纵然暂时得到了幸福，也不过就是饮鸩止渴，是一阵经不起风吹雨打的肥皂泡。第三者的爱情，就像皇帝的新衣一样,你以为你得到了,到最后终究是身败名裂。

女人也需要主动把握幸福

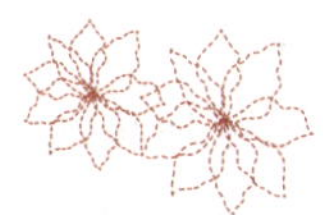

生活在如今的女性是非常幸福的，再不用讲什么“三从四德”、“男尊女卑”，作为女性，我们拥有跟男人平等的权力。

但是，幸福是需要自己去把握的，如果遇到自己喜欢的男子，不妨去追。所谓：“男追女，隔层山。女追男，隔层纱。”但是，女人却常怕戳破手指头。因此，为了自己的幸福，遇到了好男人，女性也要积极主动，把握男性的心理，俘获他的心。

以下建议，可以帮你不戳破手指头，却能俘获他的心灵：

◎ 打消顾虑

当你遇到一位自己喜欢的小伙子时，不要首先就想：“人家不一定喜欢我。”如果你不去试一下，你怎么知道他会不会喜欢你呢。机会并不是常有的，自己钟意的小伙子也并不是随意遇见，一定不要让自己白白损失掉这样一个机会，否则，等人家跟你发送结婚请帖的时候，你只能自己偷偷地去哭了。

还有的人刚开始就想："如果被拒绝了，那该怎么办？"每个人都会有这些顾虑，但是，你只有尽力了，你才不会遗憾。曾经有一个女孩，很喜欢一个男人，但一直因为内向和谨慎，从来没有向男孩流露过自己的情感，将这份深情深深埋在心底。

一年后，男人结婚，女孩终于对这份感情绝望了，于是打算出国。在出国前，女孩鼓足勇气向男人说起，男人一脸的悔意，原来，男人在女孩来公司的第一天起就对她很有好感，就一直想追求她，但女孩总是一脸严肃，让他觉得很有距离。

而就在这个时候，现在已经成为男人妻子的女人提前下手，向这个男人表达了自己的好感，男人就跟追求自己的女子谈起了恋爱，最后结婚了。女孩只好带着巨大的遗憾和悔意去了异国他乡。

所以，一定要打消顾虑，说不定你喜欢的小伙子也正喜欢你呢，也许他比你更害羞。

即使被拒绝，你也不应该像故事中的这个女孩一样，跟本来有可能与自己结为佳偶的男人失之交臂，为此后悔一生吧。

◎ 积极主动

喜欢对方，而他又无意的时候，你不妨积极主动些，让他对你加深印象。比如，在办公室的走廊里，大街上，或者在公共汽车上相遇时，主动热情大方的打招呼，或者工作中主动找机会一起共事或打交道，如果能争取到一起出差的机会的话会更好。但不要过分热情，否则，有可能会吓跑对方。

一个表现亲切大方，热情和善的姑娘，很容易引起别人的好感，任何男人都不例外。

时间久了，你对他表现出来的好感和热情会让他感受到丝丝暖意，这样就奠定了感情的基础。

◎ 主动寻找话题

相处久了，基础打好后，要开始与他多交往，让他多了解你，对你有个感性和理性的认识。

其中，和他谈话是最基本的步骤。所以，除了制造机会与他多相处的，还要设法和他搭话。比如："今天天气真不错……""请问一下现在几点了？""工作还顺心吗？""请帮个忙好吗？"诸如此类的话，虽然意义不大，但是它们很可能就是你迈向成功的桥梁。

通过这些对话作为引子，你们引向了可以进一步认识、了解、交往的方向。如果能尽力做到这一点，可能就离成功不远了。

◎ 施展魅力

让他对你有了进一步的认识后，你还要施展你的独特魅力，让他不自觉感受到你魅力的吸引。事实上，男性喜欢姑娘的理由很多，并不是只有美貌的姑娘才会吸引男性。

每一个女性都有她独特的风姿和魅力，这不一定来自美丽的外表。一个性格平平、个性平平的人，很难让别人产生兴趣，因此，尽量把你的优点好好地在他的面前发挥吧，可能你是活泼可爱的，或者你是深沉内敛的，或者你是沉静平和的，或者你是温柔贤惠的，或者你是精明能干的，或者你是热烈爱动的……不管你身上是什么样的优点，在此刻都要毫不吝啬地表现出来，大胆地施展你的魅力。让他知道你的过人之处，慢慢的，他就会深深被你吸引，不自觉地爱上你。

◎ 温柔体贴

温柔是上帝造人时赐予女人的重磅武器，男人大都阳刚，线条粗犷，因此，女性就要展现她温柔善感的一面，很难有男人能抵抗一个女人的温柔体贴。

尽管男人阳刚，但实际上很脆弱，有充满了孩子气的一面，只是不像女人那样经常流露而已。所以，当男人生病的时候，你要关怀体贴地嘘寒问暖，让他感受到你如春雨般的细致体贴；当他工作失意的时候，要诚恳鼓励，温言细语……时间久了，他就会对你形成一种依赖，不自觉地就陷进了你温柔的陷阱里去了。

一个善解人意、温柔体贴的女人是男性选择女朋友的首选。如果你让对方真正感受到这些了，那就恭喜你，你离成功不远了！

◎ 适当的娇羞

有一些性格内向的姑娘，常常不好意思去跟对方大胆交朋友。其实，在些时候，含蓄往往是姑娘最大的魅力。大多数男性认为，性格内向的姑娘往往具有一种楚楚动人的气质，而这些正是使小伙子最着迷的地方。因此，在跟他相处的时候，适当的娇羞，你的脸上会泛起动人的粉红色，别有一种美丽浮现出来，会让小伙子怦然心动。也许，在此刻以后，他就会经常为你心动。

◎ 巧妙暗示

跟对方交往的时候，太过直白的表达，往往产生的效果并不理想。因为也许对方还从来没有考虑过你们之间的关系，他会一时无法回答，你也会因此而尴尬。因此，与其直白表达不如巧妙暗示，暗示的方式有很多种，比如语言暗示：“我将来的男朋友能像你一样就好了。”“如果我能每天像现在这么开心我就满足了。”“你觉得像我这种性格的女孩子，能做好人家的女朋友吗？”或者，用眼神暗示，经常看着他的眼睛微笑，或者眼睛明亮而含情地深深望他一眼，又低下头不语。聪明的小伙子，会很快地捕捉到这些信息，会明白你对他的情义，他就会认真地考虑你们之间的关系。如果他也主动回应你，那么，你就成功了。

相爱容易相处难，须多些理解和沟通

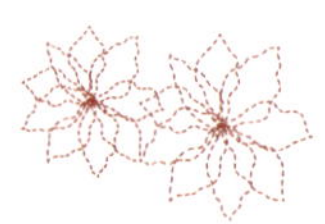

俗话说："相爱容易相处难。"爱情是两个人的事情，是需要两个人来共同经营的。有人曾经说过，爱情的道路不是越走越宽，就是越走越窄。因此，只有双方能够和谐的理解和沟通了，爱情之路才能越走越宽，感情才能够日益加深，才能真正地做到天长地久。

如何才能让你们的爱情越来越甜蜜，爱情之花开得越来越芬芳呢？作为女性朋友，还是有许多技巧可遵循的：

◎ 换位思考

小米谈恋爱了，两个人处于热恋之中。小米决定带男友带到家中，让父母见见未来的女婿，当小米把这个想法告诉男友的时候，男友却拒绝了，说他现在不想去小米的家中。

小米听了后，非常难过，觉得男友不想见自己的父母，是不爱她，不想跟她有进一步的发展。为此小米跟男友吵了一架，不欢而散。回到家后，小米躺在房间里，非常伤心。

这时，男友打来电话，告诉小米，自己不能拜见她父母是因为他处于事业低谷，他希望小米能给他一段时间，等他度过这段事业低谷后，再去拜见小米的父母。他希望自己给小米的父母塑造一个比较好的印象，能放心得把小米交给自己，这样，他们的爱情才能顺利开花结果。

小米挂了电话后，认真地考虑了男友的想法，站在男友的角度来讲，男友的想法也的确是为了他们的爱情能够更好地得到父母的认可。小米想通了后，更加爱自己的男友。于是，鼓励自己的男友走出事业的低谷，男友也对小米的理解和鼓励十分的感动。很快，在两个人的努力下，男友不仅得到了小米父母的认可，事业也越做越好，两个人顺利结婚后，生活也甜蜜幸福。

人与人的处境不同，看事情的角度和做事情的方式也会有差别，有差别就会出现矛盾，尤其是热恋中的男女，容易求全责备，导致矛盾激化，反而对感情产生不利影响。因此，两人相处的时候，多站在对方的角度来思考问题，也许你们的矛盾就会消失。

◎ 坦诚以待

爱情中，双方相互的信任是最重要的，而相互信任的基础是双方的坦诚相待。欺骗是不能长久的，有人说，一个谎言需要一千个谎言来弥补。事实也的确如此，当你对着你的爱人说出第一个谎言的时候，常常需要有更多的谎言来圆第一个谎言，当最后谎言被拆穿的时候，你们的感情也到了尽头。因为没有人会原谅自己深爱的人欺骗自己，在爱情里，欺骗就等于背叛。

◎ 关心体贴对方

要尽量的关心体贴他，做一些你力所能及的事情。如果你的能力很强，就要照顾他的自尊心，不要表现得太过，给他造成压力，并且适当的暴露一下你的弱点，让他来帮助你，让他感觉你很需要他，让他有成就感。这样，他会从心底里佩服你，内心里感激你，即使有时候他不会轻易说出来，但是他会更加爱你。

◎ 给他空间

日常生活中，常听到很多男人抱怨自己的女友，很苦恼：“她总是乱翻我的手机”、“她喜欢看我跟朋友的聊天记录”、“总是盘问我去哪了，跟谁在一起？”……甚至有很多男女就是因为这些看上去很无谓的琐事而导致分手的。

其实，人有些时候是需要这样一个单独空间的，也许他只是一个人在江边坐了几个小时，怀念一下家乡和儿时的伙伴，或者是坐在那考虑下一个工作的事情，或是只是抽支烟，安静地享受一下一个人的感受，而你偏偏要追问他去了哪里，跟谁在一起，为什么非向你汇报。如果这样做，很容易引起男友的反感，爱不是占有，每个人都需要有自己独立的空间，你这样粗暴的干涉，是对对方的不尊重。

这样的女性，往往是不自信或控制欲太强的人，应该适当的调整自己。聪明的女性，会充分理解自己的男友，信任他，给他一定的空间，让他好好处理自己的事情。这样的女人，反而更能得到男人的爱和尊重。

◎ 多一些理解和沟通

生活在都市里的男女，面对着巨大的生活压力，在日常生活中，常常遇到一些不如意的事情，男人的思考方式常常跟女人不同。

如果有一天，男友闷闷不乐，不愿意说话，聪明的女性就不要埋怨对方如何对你不热情，对你不理不睬，而是应该找一个安静的地方，温柔体贴地问：“怎么了，不开心？”

男友大多会向你倾诉他的烦恼，这时，你就该认真而耐心地倾听，不要插嘴，让他好好把烦恼说完，然后，认真安慰他。也许，他并不在乎你是怎样安慰他的，即使你只是做了一个安静的倾听者，他也会很感激你，把你们的感情更拉近一步。

◎ 多一些宽容和谅解

不要直接不加修饰地批评先生或男友的缺点，即使你的男友有缺点时，也要注意提出的方式、方法，切勿伤害了男人的自尊心，造成不悦的结局。更不要在男友或先生面前过多地谈论另一个男人的优点，以免引起不必要的疑心，更不要把你的男友或先生和其他男人作比较。因为这样做，往往会使对方误认为你对他不满，在批评、贬低他，从而影响你们之间的关系。

同居前，准备一只手挽皮箱

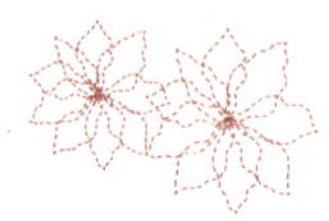

晶爱上了她的同事楠，楠是刚从分公司借调过来的工作人员。他是一个英俊潇洒的小伙子，一米八的个头，经常面带微笑，公司喜欢他的女孩大有人在。

晶深爱他，自己却不敢启齿，因为自己只是相貌一般，个头一般的女孩，除了皮肤比较细腻白皙之外，没有什么突出的优点。

晶只有默默地注视着楠，也许晶的那双含情的眼睛终于掩藏不住内心的炽热。突然有一天，楠热情地邀请晶一起吃晚饭，晶不敢相信，站在自己面前的这个让自己日夜思念的白马王子在邀请自己共进晚餐！

晚饭吃得很开心，晶觉得那是她有生以来最开心的一顿晚餐，楠体贴地点了几个晶喜欢吃的菜，不时地为晶挟菜，晶的心里好像开了一朵花似的。

晚饭后，他们一起去看电影，电影院里，黑暗中，楠轻轻地握住了晶颤抖的手……

晶像不相信这一切都是真的，自己就这样轻而易举地得到了白马王子的垂青。但是，这一切都是真实的，镜子中她粉红的脸颊，亮闪闪的眼睛以及被吻过的微微翘起地双唇，告诉她自己正身在幸福之中。

一周后，楠和晶一起约会，激情难耐的楠深情地望着晶："晶，我太爱你了。我们同居吧。"

陷入爱情的晶连想都没想，就点头同意了。在她的心里，楠就是自己一生要寻觅的爱人，她找到了，她愿意为了楠付出一切。

同居的日子是甜蜜而幸福的，楠每次都会抚摸着晶的皮肤，夸她的皮肤好，然后陷入激情缠绵之中。晶原本以为他们的幸福会一直延续下去，他们会在事业稳定一下后，谈婚论嫁，他们会就这样的幸福的白头到老。

但是，同居的几个月后，晶发现楠有些不对劲了。不再夸她的皮肤好，经常很晚才回家，回家也很少与她缠绵，甚至有些时候，找各种借口，晚上也不回家。每次晶问起，楠就很不耐烦地说她干涉他的自由。晶感到非常委屈，经常哭泣。

直到有一天，晶回家，发现楠的东西全都搬走了，第二天去公司找他，公司的同事很奇怪地说，他借调时间到了，回分公司了，前天就办好了手续。

晶没想到楠这么绝情，竟然连声招呼也不打就走了。打他的电话也不接听，晶陷入痛苦之中。

晶决定亲自找到他，问个明白。晶坐上飞机，到了千里之外的分公司。打他的手机，他一直不接电话。用一个公用电话打给他，才接了，一听是她，马上就挂了。

晶发短信说，你要是不见我，我就去公司。楠这才慌了，勉强答应见她。见到楠的时候，晶已经三天没有吃东西了，看着朝自己走来的楠，她几乎要晕倒。楠冷酷地看着满面风霜、憔悴不堪的晶说，你回去吧，我们没有什么好谈的。

晶浑身冰冷，声音颤抖地问他，你就从来没有爱过我吗？为什么要跟我同居？楠说，同居是征求你同意的，你不过是我在异地工作寂寞时候的安慰者。

作为未婚同居者，容易受伤的永远是女性。爱是没有错的，但晶答应同居的时候，没有好好想想，太过轻率，太过信任这个男人。社会上未婚同居的现象越来越严重，作为一个正值热恋之中的女性，同居前，你考虑好了吗？

张小娴说，一个女人在和男人同住那一刻开始，就要留一只手挽皮箱，让他知道自己随时可以潇洒地离开。一个女人挽着一只皮箱，昂首阔步，头也不回，这个落寞的情景，可以为女人找回最后的尊严。

这只手挽皮箱是一个女人尊严的容器，也是可以盛装自己灵魂的小小居所，有了这个精神的居所，女人的灵魂就有了依靠，就可以在面对男人伤害的时候，具有一股坚强的力量，女人的退路，是在两性关系中，一个女人可以保护自己的资本。

有了这个资本，作为女人，尽管身体柔弱，但能不卑不亢；尽管情感卑微，但依旧灵魂高傲。一个灵魂高傲的女性，是值得别人尊重的。这个曾经跟你同居的男人即使是离开了你，在以后的清醒的日子里，他会记得你尽管落寞但不失尊严的背影，他会后悔自己轻率地离开。

学会做丈夫的幸福小岛

刘永好，新希望集团董事长、希望集团总裁。他称赞自己的妻子李巍是“中国最有魅力的女人”。

1978年秋天，李巍从华西医科大学毕业后，被分配到一所机械干部学校当校医。不久，就与在学校当物理教师的刘永好相爱了。然而他们的相爱却遭到了朋友和家人的反对。在他们看来，刘永好家庭出身贫寒，学历没有李巍高，而且家里还有一些历史问题，与李巍根本就不相配。

但这些并没有阻止他们的爱情，很快，他们把各自的被子抱在一起，就算是结婚了。当时，小两口的家里最奢侈的东西，就是李巍攒了几个月的工资买的一块英纳格的女表。看到爱妻为了自己牺牲这么多，深情款款的刘永好说：“李巍，我要帮你实现一个女人所有的梦想。相信我，这一天绝不会太远。”

1982年，李巍跟着永好回四川新津老家过年。刘永好兄弟四人商议养鹌鹑，走致富之路。说干就干，春节还没完刘永好就将李巍那块奢侈英纳格女表变卖了185元，家里自己装的收音机也一起卖了，与三位哥哥卖自行车的钱加在一起，凑了一千元。在老家新津三哥的家里搭起了一个个鹌鹑饲养棚。

很快，鹌鹑蛋越下越多了，从学校辞职的刘永好就跟着三哥刘永行跑市场，在成都的大街小巷沿街叫卖。不巧正碰上他教的一些学生，当时，刘永好窘迫地把头埋得低低的。晚上回到家里后变得很沮丧，李巍见状，鼓励他说："永好，抬起头来，我是你的妻子，我都不觉得耻辱，甭管别人怎么看、怎么想。经商并不下贱。在西方社会，衡量一个男人成功的标准，还是看你能挣多少钱呢。"李巍的鼓励和支持让刘永好有了干下去的勇气。

刘家兄弟的生意越做越好，到了1988年，他们四兄弟已经挣了1000万。成立希望饲料集团时，刘家四兄弟开会做了一个统一的决定，就是刘家所有的媳妇都退回家去，不许参与干涉刘家兄弟商业上的事务。于是，刚刚从学校辞职出来的李巍回家过了8年相夫教女的隐居生活，给刘永好提供了一个温暖而平静的后方。

有一年，刘永好准备介入医药领域。所有的人都纷纷看好这个项目。就在刘永好在北京准备与韩国的企业签订协议时，他最后一次打电话给李巍，征求意见。李巍在电话里冷静地谈了三点看法：其一，没有必要做高利润的产业，越高利润越高风险。其二，刘氏兄弟希望集团必然在历史上留下去，搞医药纵使现在管理到位，难道就不怕我们百年之后，假冒伪劣亵渎了自己的一世英名？其三，我当过医生，中国的药物试验和审批体制不健全，一片小小的丸剂，人命关天，如果出了问题，必然砸新希望的牌子。最后一句话，三思而行，情愿不介入，也不赚这个钱。刘永好听了李巍的建议后，思虑再三，最终接受了她的建议。

1996 年夏天，他们的女儿去美国求学。独自在家的李巍对丈夫刘永好说："永好，我该出山了，去干点事业。"丈夫同意了，借给李巍 2000 万，刘永好还只是以为李巍不过是一时兴起，并没有太放在心上。

李巍拿到资金后，立即将一个朋友的排版中心买了过来，建立了一家印刷厂，注册了四川彩地印刷有限公司。随后，她又到大小凉山播种万寿菊，生产天然黄色素出口。隐居6年的李巍出山后，很快就成就了自己的事业，在李巍的名下注册了6家公司。不仅还清了丈夫的本钱，李巍每年还有数百万的纯收入，无偿地归到了丈夫的新希望的账面上。

在四川女企业家协会的一次会议上，大家专门让李巍谈谈如何做一个幸福的女人。

李巍说："时下有种说法，当中国富豪的人人难，守住自己的婚姻更难，越有钱自己越不幸福。我不这么看。今天我可以毫不掩饰地说，我是天下最幸福的女人。首先刘永好的素质好，给了我一种信心。第二，无欲则刚。一个年过 40 的女人应该知道进退取舍，不能什么都想挽住。青春已经不再，美貌已被风雨吹走，靠什么捍卫自己的婚姻？就两个字：气质。这绝不是仅凭年轻美貌就会与生俱来的，它是年龄、经历、智慧和素质的和谐，有了这种气质，再多美貌年轻的女人也不可能将你的丈夫从家里抢走，因为患难夫妻好比各自身上的一个肢体，没有哪位男人会因为其他女人的诱惑，而砍掉自己的手脚。但是紧要的一点就是，女人必须有自己的事业。不然在家里做一个专职太太，做好饭恭候丈夫回家。他回来晚了，不回来了，你都去审问，这种婚姻的城堡总有一天会坍塌的……”

越来越多的夫妻能够共患难不能同享福的今天，李巍却是一个不同的例子。她靠自己的通达和智慧不仅守住了自己的爱情，而且也帮助丈夫成就了一番宏伟的事业，被丈夫称为“中国最有魅力的女人”，像这样的女人，怎么能不让所有人爱呢？

在现实生活中，如果你也能像李巍那样，做一位善解人意的妻子，做好丈夫贤内助，不仅在生活上给丈夫呵护与关爱，在事业上也能为丈夫增砖添瓦的话，无疑，你也将成为丈夫的好手脚。

做到这些也不难，只要注意以下几点，你就能成功：

◎ 不乱猜疑

相信你的丈夫，尽管他很忙，经常需要加班，而且他的女秘书也年轻漂亮。

◎ 支持丈夫的事业

做一项事业十分不容易，如果得到你的支持，你的丈夫不仅会因此而信心百倍，并且会对你的支持心怀感激。

◎ 维护丈夫的人缘

有人说，表现友善与和气的女人，是丈夫无价的资产。懂得这个道理的女人，会是丈夫的得力助手。

◎ 不对丈夫提出超负荷的要求

太大的野心，甚至可能造成更严重的后果，有些官员贪污入狱、自杀等，其中很多人的直接原因就是妻子的贪婪。所以，作为一个好妻子，一定不要向丈夫提出超出他能力范围的要求。

◎ 营造一个温馨舒适的家庭

家庭是一个人心灵的港湾，如果他的港湾既不温馨，又脏乱不堪，那还不如住旅馆呢。记住，只有为你最爱的丈夫创造出一个充满爱情、安全和舒适的小岛，才会让他哪里也不去，只知道回家。

◎ 多鼓励丈夫

好男人离不开妻子夸，丈夫取得成就要及时鼓励表扬，你的夸奖将是他一往无前的动力。

◎ 注意丈夫的饮食

尽可能的学习做得一手好菜，注意营养搭配，将丈夫的身体养得好好的，你就是最直接的受益人。

◎ 在丈夫需要的时候陪伴他

男人也有脆弱无助的时候，事业低谷，或者遭遇人生变故，这个时候，陪伴他，拥抱他，你温柔细致地呵护，是给他最好的安慰。

获得“婆媳关系”100分的女人

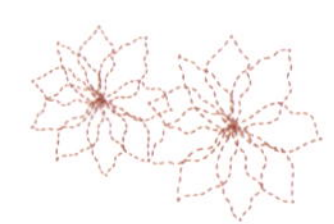

女人在婚前或者婚后，经常会问到爱人一个问题：“如果我和婆婆同时掉进河里，你先救谁？”

如果爱人认为母亲只有一个，老婆可以再娶，如实回答先救母亲的话，估计女人就会火冒三丈，如果回答先救她的话，她则会喜笑颜开。女人问这个问题的潜意识里，是在跟婆婆争夺爱人的爱。

有人把儿子和母亲、媳妇三人比作两个女人争夺一个男人的战争，也不为过。现实生活中也的确如此。我国自古以来就流传着“十对婆媳九不和”的谚语。婆媳矛盾一直是千百年来令走入婚姻围城的女性为之困扰，也令所有男性最为头疼的问题之一。

婆媳关系是一种特殊的家庭关系，这种关系的特殊性导致了它的复杂性。因为它既不像夫妻那样有亲密的姻缘关系，又不像母子那样有稳定的血缘纽带。它实际上是一种通过儿子、丈夫这个特定的双重角色而发生的间接“血缘——亲缘”关系。婆媳关系同其他直接的家庭关系比较，其中天然爱的成分就明显有所降低，在客观上导致了婆媳之间的矛盾和碰撞。

据社会学家根据长期调查研究发现，目前我国每8对离婚夫妇中，有4对是由婆媳矛盾造成的。50%的夫妻因婆媳关系无法调和，长期冷战、分居甚至离婚。婆媳关系，已经成为仅次于婚外恋的一种严重影响婚姻关系和质量的“恶性肿瘤”。婚姻中和准婚姻状态中的女性，如何处理好婆媳关系将成为把握一生幸福的关键。

在处理好婆媳关系之前，首先应该分析婆媳“天敌”的原因：

从婆媳双方的情绪来看。在婆婆的情绪里面，多少认为儿子把爱分给了别人，会有媳妇在和自己争夺儿子爱的意识；而媳妇认为丈夫应该爱她，应该从母亲的爱里独立出来。

从婆媳双方的观点来看。婆婆看到媳妇嫁给儿子以后，期望媳妇爱丈夫能像自己爱儿子一样；但是媳妇却并不这样认为，她希望得到丈夫的呵护。

从婆媳双方的期望值来看。婆婆认为，媳妇与儿子结婚，走进自己的家，就会本能地形成一种期望，那就是儿媳妇应该像儿子那样对待自己，可是由于儿媳妇往往因为缺乏“血缘关系”，而恰恰无法做到这一点；同时，媳妇婚后改口称婆婆为“妈妈”，也会本能地将婆婆的行为与自己的母亲相比，也期望婆婆应该像母亲对待自己那样。各自的预期很难达到，双方便会逐渐生出不满。

所以，要想处理好婆媳关系，作为儿媳妇，首先要调整好心态，不要把丈夫据为己有，不要在婆婆面前过分的要求丈夫为自己做事情，也不要在婆婆面前过分撒娇任性，照顾一下婆婆的感受。

其次，要理解丈夫，因为中国是一个传统的国家，要明白母亲在他心目中的分量。无论老公多么爱你，你也无法代替母亲在他心中的分量。而且，你只可以成为他的太太，不可以替代他的母亲。同时，当和婆婆有矛盾时，千万别犯和婆婆“争夺老公”的“低级错误”。

同时，还要理解婆婆的失落感。婆婆在退出儿子的主要生活圈以后，常常会产生“空巢综合征”。要经常陪丈夫和孩子去看看婆婆，不要干预丈夫去看婆婆，因为即使你阻止，儿子也会偷偷地去看母亲的。在经济方面也一样。

最后，还要把婆婆视作自己的母亲那样照顾，尽可能地去体谅老人的性格或其他不足。越是替丈夫去爱其母亲，越会得到丈夫的爱。

因此，日常生活中，从细节上来讲，年轻的儿媳妇可以针对家庭的具体情况和老人的个性特点，运用一些生活智慧来协调婆媳关系。

做儿媳妇的平时遇事多和老人商量，尽量做到“经济公开”，并定期或不定期地给婆婆一些零用钱；每逢时节，或婆婆生日，要记着给婆婆准备点礼物；平时给自己的母亲送吃的、用的，最好同时也给婆婆准备一份。

要照顾到老人的生理心理特点，经常做一些婆婆爱吃的食物，一家人同桌吃饭，要注意先把好菜给婆婆，不能只顾自己的孩子和丈夫；还要理解婆婆，她们大多是从旧社会过来的，思想上、生活上、习惯上有时难免带些旧时代的痕迹，做儿媳妇的应该多体谅，尽量照顾老人的性情和习惯。

一般情况下，只要不是什么原则问题，尽可能地使自己的举动适合老人心意，尽量迁就老人的某些习惯。等得到婆婆的欢心，再将老人的一部分旧习惯，用巧妙的办法渐渐改变过来。

这样，婆媳之间就能慢慢消除隔膜，使关系和谐融洽。其实，“婆媳关系”也绝非对立关系。无论发生了什么，都没有对错，也无须追究对与错。只要做儿媳妇的本着尊老爱老的心理，一切不和谐的因素都可以靠智慧来化解。

当发现丈夫“红杏出墙”

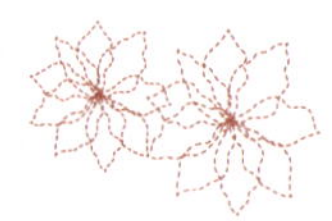

晚上，丈夫回来的时候，正是吃饭的时间。女人已经做好了饭，一个个将菜端上桌子，当女人端上最后一盘菜时，丈夫按住了她的手。平静地对女人说，咱们离婚吧。女人没有表现出那种很特别的情绪，淡淡地问丈夫为什么。

丈夫说：“不，我不是开玩笑，是真的离婚，我已经有了别人。”

女人一下子僵住了，接着狠狠地摔了筷子，对丈夫大声说：“你不是人！”晚饭谁也没吃饭，女人去了儿子的卧室，丈夫在客厅。夜里，女人哭了一晚。

第二天早上，女人看到了丈夫留给她的离婚协议，里面写明了将房子、车子，还有公司的30%股权分给她。妻看完后，愤愤地将协议书撕成碎片儿。

往事浮上心头，涌现在女人眼前的是十年前结婚的一幕，那时他们还很穷，住的是那种一家一户的平房，婚车在门前停下来的时候，一伙朋友撺纵着丈夫，将女人从车上抱下来，于是，在一片叫好声中，丈夫抱起了她，一直走到典礼的地方。那时的女人是丰盈而成熟的娇羞女孩，丈夫是健壮快乐的新婚男人。

婚姻走进现实后，女人为丈夫生下儿子，天天在家里操劳，孩子、老人、家务，丈夫基本没有管过，他忙于下海、经商。

婚姻日渐的琐碎，彼此之间从熟悉到习惯再到熟视无睹。房子车子都有了，钱也越来越多，但感情却一点点少下去。看上去无懈可击的幸福，终于经不起这些突然变化。

丈夫从什么时候有了情人？女人满脸泪花地苦苦回忆着，记得上次，大约有一个月了吧，女人去公司找丈夫时，有个年轻漂亮的女人正从丈夫的办公室里出来。女人没有在意，现在想来，那时公司里的知情人的眼光就有些特别，只是自己没有觉察罢了。

所有的男人找情人，最后一个知道的永远是他的老婆。女人突然闪过这句话，却怎么也记不起是从哪看到的或听到的了。

女人没有上班，独自想了一天。

晚上，丈夫回家的时候，已经是深夜了。女人没有睡，在客厅里等着他。女人对丈夫说，她什么也不要，只是在离婚之前，要他答应她一个条件。女人的条件，便是再给她一个月的时间，因为再过一个月，孩子就过完暑假了，她不想让孩子看到父母分开的场面，而且，在这一个月里还要像以前那样生活。

丈夫点头答应了。女人问丈夫：“你还记得我是怎么嫁过来的吗？”蓦地，关于新婚的那些记忆涌上来，丈夫点头，说记得。

女人说：“是你将我抱进来的，但是我还有个条件，就是要离婚了，你再将我抱出这个家门吧。这一来一去，都是你做主好了，只是，我要求这一个月，每天上班，你都要将我抱出去，从卧室到大门。”

第一天，女人和丈夫的动作都很呆板。他们已经有很久没有这么亲密接触过了，甚至连例行的每周两次的做爱时间也取消了，每天都像路人一样。儿子从身后拍着小手喊：“爸爸搂妈妈了，爸爸搂妈妈了！”丈夫突然有些心酸。

从卧室经客厅，出房门，到大门，十几米的路程，女人在丈夫的怀抱里，轻轻地闭着眼睛。丈夫将女人放在大门外，她去等公交车，他去开车上班。

第二天，俩人的动作都随意了许多，女人轻巧地靠在丈夫的身上，丈夫看到女人曾经光润的皮肤上，有了细细的皱纹。丈夫竟然发现自己有好久没有认真看身边这个熟悉到骨头里的女人了。

第三天，第四天，第五天，六天……每天，丈夫抱着女人，女人常附在他的耳边说，院子里的花池拆了，要小心些，别跌倒了。衣服熨好了挂在哪里，做饭时要小心不要让油溅着……这让丈夫产生一种错觉，他们依然是以前相亲相爱的亲密恋人。

到了第二十天的时候，丈夫抱着女人，说感觉到自己越来越不吃力了，似乎是锻炼的结果。女人笑笑没有说话。其实女人是瘦了，瘦了一大圈，这二十多天她的心每天都在忍受着煎熬。

每天，到了时间，儿子壮壮就喊他们："爸爸，该抱妈妈出门了。"他催促着父母，这已经成了家庭的一个节目。丈夫抱着日渐轻巧的女人，从卧室出发，然后经客厅、屋门、走道，丈夫紧紧地拥着她的身体，感觉像是回到了那些新婚的日子。

终于，到了最后一天，儿子上学去了。丈夫抱起女人的时候，怔在那里不走。女人也怔怔地看着丈夫说，其实，真想让你这样抱到老的。

晚上，女人做好了饭菜，等待丈夫回来吃最后一次晚饭。这时，门铃响了，女人打开门，却不是丈夫，是花店的小姐，她手里却捧了一大束女人最喜欢的白玫瑰，女人接过花，打开卡片，是丈夫的笔迹："我要每天抱你出家门，一直到老。"

五分钟后，丈夫和儿子回家了，丈夫去学校亲自接儿子回家。丈夫深情地看着她，儿子像往常一样喊着："妈妈，我饿了！"女人用她的爱和智慧化解了一场家庭危机，拯救了一个走向破碎的婚姻。

有很多女人，在发现丈夫有了外遇或提出离婚后，常常采取一哭二闹三上吊的方法，寻死觅活，到单位大吵大闹等，都只会将自己的爱人推得更远，于事无补。

漫长的婚姻生活，充满了"柴米油盐酱醋茶"的琐碎，夫妻之间曾经的激情很容易就被淹没在生活中的角落里，但是，聪明的女性懂得怎样来经营自己的婚姻，把男女之间的激情转换成一种天长地久的亲情。让双方渗透在一起，谁也离不开谁。即使是发觉爱人的心渐行渐远，她也会懂得运用自己的爱和智慧，唤回爱人曾经的情感，重新让他们的婚姻拥有生命力。

幸福女人必备的“葵花宝典”

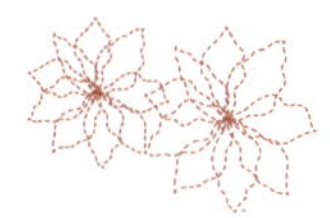

有人说，男人就像风筝，一个好女人就是一个放风筝的高手，不论风筝飞多远，线永远拴在你手中，他离不开你的掌控。那怎样做，才能让老公心甘情愿地做不愿挣脱你手中线的风筝呢？这就需要女人学习让丈夫离不开你的葵花宝典！

◎ 让他又爱又怕

女性真正的吸引力，就在于使人流连忘返却又不敢轻侮。《红楼梦》里的王熙凤就是个典型代表，是一个让男人又爱又怕的女人，她既漂亮又手段老辣，好时对人一盆火，恶时对人一把刀。那个馋嘴猫一般的丈夫贾琏才能被她降得服服帖帖的。

◎ 利用母性魅力

一个女人的母性，是她的魅力所在，将超越年轻的身体和漂亮而短暂的外貌。男人的天性都不安于家，若想把一个男人长期留在自己身边，女人的母性就要挥发力量。到了孩子长大以后，女人应该用自己的宽广胸襟和朋友般的温情，令男人在繁忙与疲惫中，有个静静的避风港和倾诉对象。

◎ 抓住他的胃

要想抓住他的心，先抓住他的胃。做菜这样本领，是女人必修的功课。曾有不少婚后的女性给未婚女性传授经验的时候，会拿出这个法宝。

她们之所以保持家中的女主人地位长期不变，其拿手功夫，就是做得一手好菜，色香味俱佳，正合丈夫的胃。一个妻子掌握了丈夫的口味，就能洞悉他的心。一切便能手到擒来，丈夫就会服服帖帖。

◎ 对他忠诚

很多男人经过努力娶到朝思暮想的心中佳人后，在高兴之余，又常有一种忐忑不安的忧虑。担心太太漂亮，追求者众多，内心不得安宁，导致婚姻缺乏安全感。这时，作为妻子，要明白丈夫爱自己的心理，告诉他你心无二意，要他安心，并且也要对他忠诚，这是对伴侣最起码的尊重，也是婚姻能长久的基础。

◎ 注重细节

随时随地地表达你的爱，早上出门向丈夫道声平安，晚上回家给丈夫一个吻，丈夫出远门，随时发个信息问问路上的状况，告诉你想他，这些细节虽小，但都会让丈夫倍感温馨，你也将得到他加倍的回报。

◎ 注意外表

平时要注重仪表，尤其是跟丈夫出席一些聚会或公众场合，你得体的穿着、优雅的举止，会让丈夫非常有面子，因你而自豪。同时，也要打扮一下自己的老公，一个男人穿着舒适、有品位，会让人觉得他娶了一个漂亮能干的妻子，丈夫也会因为大家的评价而感同身受。

◎ 通情达理

娶一个通情达理、遇事明理、举止大方的妻子，是老公的福气。千万不可无理取闹，这样做的结果是不仅会给丈夫带来烦恼，也会成为丈夫事业上的障碍，很容易导致你们的爱情之花枯萎。

◎ 和谐性爱

除了贤淑持家、上得厅堂下得厨房之外，女人还要有一条最重要的幸福守则，那就是要进得卧室。如果自己的妻子对自己风情万种，积极热情，给他和谐的性爱，不仅有助于双方的身体健康，也能巩固夫妻双方感情。能娶得这样完美的妻子在家，你的丈夫会自己偷着乐。

◎ 让你的爱无处不在

对于经常出差远游的老公，女人要牵住他的心，有必要时常提醒他你的存在。送丈夫一张你的漂亮照片，夹在他的皮包里，让他随身携带；把你的照片当作他的手机屏保，让他感觉到你的存在。这些方法虽然老土，但永远管用，每次你的老公在旅途中看到你的甜蜜笑容，内心也会随之升起一份柔情蜜意。

◎ 家是最温馨的地方

一个男人不管工作对他具有多大的诱惑力，都会感到紧张和压力，都希望在回家以后，能有个舒适、清静的环境，使这些紧张与疲惫得以消除。因此，将家收拾得干净整洁、制造一个愉快、舒适的气氛，让男人在家感到舒适，是留住男人心的最好方法。

辑 6

健康：女人幸福的基石

女人的生活方式病

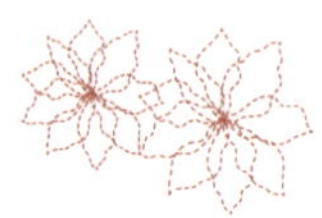

在日常生活中，存在着很多生活健康误区，这些健康误区严重影响着女性朋友们的身体健康。在此，我们将常见的一些健康误区陈列出来，以促进女性朋友掌握科学的健康知识，走出这些危害健康的误区，拥有一个健康的体魄。

◎ 不吃早餐可减肥

有些人认为不吃早餐可起减肥之效，还有的人早晨太忙，或自感不饿而拒用早餐。实际上，早上胃中空空如也，人体和大脑活动所需的能量便得不到供给，分泌的胃酸还会侵蚀胃壁，因而极易导致头痛、胃痛和疲劳。此外，有不吃早餐习惯的人患胆结石的可能性也大为增加。

◎ 穿紧身内裤和牛仔裤

有些女青年爱穿紧身内裤和牛仔裤，紧紧裹着臀部、下腹部、会阴部和大腿根部，使这里的汗液不容易蒸发。因此导致这些部位容易发生痱子、疖子、毛囊炎等皮肤病，如果经常在下身使用爽身粉，还容易引起卵巢癌。另外，女性常穿紧身内裤和牛仔裤，不利于阴部的组织代谢，白带和阴部腺体的分泌物不易被吸收和挥发，局部潮湿的环境非常有利于细菌生长繁殖，从而引起外阴瘙痒或阴道的炎症。

◎ 清洗阴道要越勤越好

其实，女性的阴道本身有“自洁”作用，可在一定程度上保护妇女的生殖系统。妇女的外阴上皮细胞中存在糖元，正常生理情况下，寄生有乳酸杆菌。糖元在乳酸杆菌作用下，可产生乳酸，乳酸使阴部呈现弱酸性环境。乳酸杆菌可以起到防御病原微生物入侵的作用，起到抵御细菌的天然屏障的作用，大大地减少了女性患尿道炎、阴道炎等疾病的机会。

如果冲洗阴道过于频繁，容易破坏阴道的这种酸性环境，反而更容易导致细菌侵入，增加妇科疾病的发生率。另外，不宜随意自行用消毒剂、中药洗剂和高锰酸钾洗冲洗阴道，否则可能破坏阴道的防御功能，从而使外阴皮肤的抗病能力下降，给女性健康带来威胁。

◎ 阴道流血即是月经

每月的阴道流血是处于月经时期女性特有的生埋现象，但是，并不是所有的阴道流血都是月经。在医学上，将月经不按正常周期来潮，或在两次月经期间有不规则出血，或每次月经过多并带血块者称为阴道流血。如果一旦出现此类阴道流血，有可能是患了妇科疾病，应及时到医院确诊。因为出现阴道出血，大多数有以下几种情况：

1.月经周期一直正常，后来出现停经，伴有妊娠反应后，阴道有流血现象，且有腰酸及阵发性腹痛。这可能是流产的征兆。

2.如果阴道不规则出血，出血量多少不一，且伴有腹痛，体查子宫稍大或摸不清，穹窿部饱满并曾有停经史，则有可能是宫外孕。

3.闭经后有严重妊娠反应，阴道不规则流血伴有水泡状组织物排出，体查子宫大小超过正常妊娠月份，听不到胎心音，摸不到胎动，有可能是葡萄胎。

4.阴道不规则出血、分泌物增加，伴有疼痛和异物感，体查可发现阴道内有异物，属于阴道异物症状。

5.阴道不规则出血而且出血量多，子宫增大或呈高低不平的结节状，常伴有尿频、便秘、痛经则可能是患了子宫肌瘤病。

6.阴道不规则流血或性交后出血，体查宫颈口有息肉组织，属于宫颈息肉。

◎ 节食减肥效果显著

许多爱美的女性为了有苗条的身材，常常会采取了盲目的禁食办法，整天粒米不进，或仅靠吃点青菜或水果充饥。要知道，这样减肥容易导致以下疾病的发生：

1.节食引起体重急剧下降会造成闭经，因为青春期女性需要积累一定的脂肪才能使月经如期而至，并保持每月一次的规律性。如果盲目减肥，体脂减少，则可使初潮迟迟不来，已来初潮者则可发生月经紊乱或闭经。

2.节食会使机体营养匮乏，这种营养缺乏使脑细胞的受到损害，从而影响记忆力和智力。

3.减肥会导致头发脱落，因为头发的主要成分是蛋白质以及锌、铁、铜等微量元素，节食减肥导致蛋白质和微量元素的摄入不足，从而使头发因严重营养不良而脱落。

4.减肥导致的低热量和低脂肪膳食容易发生胆结石，因为当人体对脂肪和胆固醇摄入骤减而产生饥饿时，胆囊不能向小肠输送足够的胆汁，胆汁积滞和胆盐呈过饱和状态会促使结石形成。

5.更年期尤其是绝经后妇女，如果盲目减肥，很容易引起骨质疏松症，导致骨折的发生。

所以，不可盲目节食减肥，否则一旦出现问题将悔之晚矣。

◎ 塑身内衣，塑身效果好

电视导购、报纸、杂志等，塑身内衣的广告铺天盖地，那些希望自己有好身材但是没时间去健身房，害怕体重增加但难拒绝眼前的美食的爱美女性们把塑身内衣当作追捧的对象。岂不知，穿塑身内衣有害无益。最直接影响的是人的排汗系统，让身体的热量不容易散发出来。太紧的衣服容易导致局部血液循环障碍，对肌肉、皮肤都会产生不良影响，严重的甚至会引起肌肉拉伤。塑身内衣的危害比塑身裤还要大一些，因为人体的脏器主要是在上身，热量也主要从那里散发。乳房被过度束缚，不仅形状发生改变，严重了还可能发生病变。

因此，爱美的女性在不影响形体美的前提下，尽可能穿宽松一些的内衣。

◎ 烟酒让我们更时尚

女性吸烟、喝酒，在一些时尚圈内成为一种流行，一种高品质生活的标志。并且她们想当然的认为，和我们的父辈相比，此烟酒已非彼烟酒。我们喝的是洋酒、红酒、清酒，我们抽的烟是雪茄，我们享受抽烟时的样子。

其实，烟酒的质量好并不能消除它们对人体的危害，与其摄入量有关。吸烟首先侵袭的是人的呼吸系统，尼古丁在血液中达到一定浓度的时候，人就容易对吸烟上瘾；少量饮酒对人体是有好处的，但饮酒过量会伤及胃黏膜，造成浅表性炎症，引起慢性胃炎或溃疡。酒主要损伤的是人的脾胃和肝，会引起肝区疼痛，频繁出现口苦、咽干、目眩、耳鸣和视物模糊等症状，对人体健康十分不利。

◎ 晚上开灯睡觉或熬夜

晚上开灯睡觉或熬夜是导致女性患乳腺癌的主要因素之一。原因是因为夜间的灯光妨碍了褪黑激素的生成，而褪黑激素在抑制癌细胞生长的同时也会增强免疫功能。

在白天，癌细胞是苏醒的，而在夜间褪黑激素会使它们处于睡眠状态，如果添加非自然光，它们就会“失眠”，从而导致癌细胞的活跃增长。所以，灯光是导致乳腺癌的危险因素。经过大量研究表明，那些需要值夜班的职业妇女，如护士、空中乘务员，她们患乳腺癌的风险最高可达60%。此外，研究还表明，每周熬夜2～3天的女性也同样易患乳腺癌。

◎ 任意选用化妆品

很多爱美的女性在选择化妆品的时候，只是追求时尚、讲究美观，常常任意挑选或道听途说别人用着如何好，便也买回去自己使用，而对各类化妆品的副作用却往往重视不够。

其实，我们使用的任何化妆品，包括各种洗发、染发剂、护肤霜脂、洗面奶、指甲油等，都是化学合成品。它既有对人体保护和美化的功能，也会挥发出各种有害物质，对人体皮肤有较大的刺激作用，有的还会引起皮肤水肿、瘙痒、斑疹等“化妆品皮炎”。

因此，化妆品应尽量少用，避免滥用。对本身有皮肤过敏史者尤其要小心，如果一旦发现化妆品对自己皮肤有不良反应，应立即停用。

远离妇科常见病

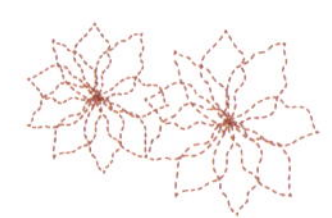

作为女性，要懂得自己爱自己，好好爱护自己的身体，关注身体健康，身体健康才是能够获得幸福的基本保障。因此，要警惕以下几种女性常见疾病的侵扰，做一个健康幸福的女人：

◎ 骨质疏松症

50%以上的女性都会受到骨质疏松症的困扰，尤其是年纪在50岁以上的女性。

但是专家建议，每天要食用5～7种水果和蔬菜，减少含蛋白质丰富的食物的过多摄入，否则容易导致骨质疏松，因为我们日常的食物含蛋白质较多，造成人体内酸性物质过多，如果多吃水果和蔬菜，其中所含的钾、钙等营养素来平衡人体内的酸碱平衡，对防治骨质疏松症有很大帮助。

◎ 糖尿病

糖尿病是一种由遗传基因决定的全身慢性代谢性疾病。

由于体内胰岛素的相对或绝对不足而引起糖、脂肪和蛋白质代谢的紊乱。糖尿病对人体有极大的危害，会引发心脏病和中风，并且对眼睛、神经和肾都会造成严重而且是永久性的伤害。糖尿病如今可以称得上是一种大众病，但是，很多患者对自己的病并不知情，所以很难得到及时的治疗。

女性得糖尿病后风险要比男性更大，她们死于心血管疾病的几率是男患者的8倍。并且Ⅱ型糖尿病隐藏可以最长达12年之久，当被诊断出来时，大约23%的患者已经有了心血管病发症。糖尿病的症状主要表现为口渴、尿频、易饿和消瘦，一旦出现这种症状，要尽早就医。另外，如果有此病家族遗传要尽早就医。

◎ 子宫内膜异位

子宫内膜异位是指子宫内膜组织的碎片，随经血倒流至腹腔，使得原本应该长在子宫内膜上的内膜细胞，不正常地移行到子宫内膜以外的地方生长。多半生长在骨盆腔的组织器官中，例如卵巢、输卵管、子宫肌肉层等，严重的甚至会延伸至身体的不同器官。子宫内膜异位的症状有：性交疼痛、双腿及下背酸痛、月经不规则、经期大量出血、不孕症等。这些年来，子宫内膜异位患者有逐年增加的趋势。

由很多医学专家认为此病与饮食习惯、生活作息有关。多吃红肉容易引发子宫内膜异位，而多吃水果和蔬菜则有防治作用。另外，当我们情绪紧张或生气时，子宫的肌肉就会不正常收缩，从而造成子宫内膜异位。因此，保持良好的心情，也是预防此病的良方。

◎ 乳腺癌

乳房是构成女性曲线美的最重要部分，它展示着女性的性感和魅力。然而随着饮食结构的变化和生活观念及方式的不断改变，乳腺增生及乳腺癌的发病率呈明显上升的趋势。每年全人类妇女因患乳腺癌而失去完美的乳房，甚至丧生的绝对数正在不断上升，乳腺疾病严重地危害着女性的身体健康。

而据专家调查，每年40岁以上接受过乳房透视检查的女性仅过半，其中65岁以上接受检查的女性更是屈指可数，而这些上了年纪的女性恰恰正是乳腺癌的高发人群。

其实早期乳腺癌患者的存活率在90%以上，而乳透是及早发现乳腺癌的最佳方法之一，因此，专家建议从40岁起的女性要每年进行乳透检查。

◎ 宫颈癌

到目前为止，在全球范围内，每年约有50万的新确诊宫颈癌病例，宫颈癌已经成为困扰女性的第二大癌症。

医学界经过研究发现，个别类型的人类乳突病毒是导致宫颈癌的主因。这种病毒有的可以依靠人体自身系统来战胜，但有的则会发生转变导致癌症。希望将来人类能研制出一种对抗宫颈癌的疫苗，为世界女性带来福音。

妇产科建议那些有过性行为或年龄超过18岁的女性，每年进行骨盆的检查与帕氏涂片检验，及早发现及早治疗。

◎ 阴道炎

阴道炎是不同病因引起的多种阴道粘膜炎性疾病的总

称。在女性的一生中,在不同的时期或由于不同的原因,都可能遭遇阴道炎的袭击，阴道炎给女性带来难言的隐痛。各种类型的阴道炎均伴有白带增多、尿频、尿急、尿痛的症状,外阴有不同程度的瘙痒、灼热或疼痛感,急性期会伴有发热。

女性在日常生活中，养成良好的个人卫生习惯可以有效预防阴道炎。首先要保持阴部的清洁干燥，每天坚持清洗阴部，但避免使用碱性肥皂；其次，要选用宽松舒适的全棉内裤，并且要勤换洗；最后，在任何场所都不要与人共用浴巾，浴巾和内裤应勤洗，用手洗后在阳光下晾晒杀菌。

除了要警惕以上疾病外，作为女性，还要警惕酒精的危害。现代女性喝酒已经司空见惯，应酬、休闲、借酒消愁等，但是千万要记住，对于酒精，女人的免疫力远低于男人，更容易受伤害。

对于进入更年期的女性，少量饮酒对心脏有一定好处，但一旦过量，就容易增加得乳癌和骨质疏松症的风险。另外，女性比男性更容易患由酒精引发严重的肝脏和脑部疾病。所以，作为女人，对于酒，要学会浅斟酌饮。

自我生理保健细节

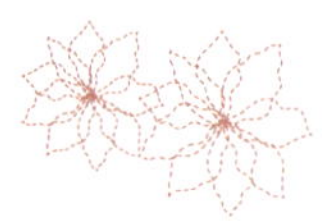

越来越多的女性开始专注于自己的身体保健，但是很少女性会知道自己乳房也同样需要你的呵护和保健。那么，作为女性，该怎样在日常生活中该怎样呵护我们的乳房呢？

◎ 保证营养

保证营养摄入充足，这样才能保持乳房部的肌肉强健，脂肪饱满。丰乳的食物有卷心菜、花菜、葵花籽油、玉米油和菜子油等，富含维生素E以及有利激素分泌的食物。另外，维生素B族也有助于激素合成，它存在于粗粮、豆类、牛乳、牛肉等食物中。对于乳房发育不丰满的女性，应多吃一些热量高的食物，如蛋类、瘦肉、花生、核桃、芝麻、豆类、植物油类等，使瘦弱的身体变得丰满，同时乳房中也由于脂肪的积蓄而变得丰满而富有弹性。

◎ 注意姿势

行端坐正，保持优美的体态，能保证乳房挺拔。特别是不能含胸，应挺胸、抬头、收腹、直膝，这样才能使优美的乳房骄傲地挺出，让女性的风采充分展示。

◎ 佩戴合适的乳罩

根据自己乳房的情况佩戴质地柔软、大小合体的乳罩，使乳房在呈现优美外形的同时，还能得到很好的固定、支撑的作用。

◎ 保护乳房

注意保护乳房，免受意外伤害，在拥挤的公共汽车上及逗弄小孩时尤其应该注意。

◎ 注意乳房的清洁

经常清洗乳房，特别是乳头乳晕部，这一点对于那些先天性乳头凹陷者来讲尤为重要。

◎ 定期检查

定期对乳房实施自我检查，定期到专科医生处做乳房部的体格检查，有必要时还可定期做乳腺X线摄片。在自我感觉不适或检查发现问题时，应及时就诊，以早期诊断、早期治疗各种乳房疾病。

除此之外，女性的自己阴部的保健和护理也尤为重要。在日常生活中，加强自我保护意识，养成良好卫生习惯和注意一些“小节”，往往对预防妇科病能起到事半功倍的作用：

◎ 注意个人卫生

不与其他人换穿衣服，尤其是内衣。

内裤不要跟其它衣物同时泡洗，最好准备内裤专用盆。

清洗阴部的盆子、毛巾一定要专用，毛巾要定期煮沸消毒，患有手足癣的妇女一定要早治疗，否则易引起了霉菌性阴道炎。

清洗阴部的最好用清水，不要滥用抗生素、化学药物、消毒剂以及各种清洁剂频繁冲洗阴道，以防菌群失调引起霉菌性阴道炎等。

夏季衣着过单时尽量避免在公共汽车上久坐。

◎ 内衣的选用

棉质内裤是首选，应勤换洗，清洗外阴的毛巾和盆要单独分开。

洗后的内裤要放在太阳下暴晒，不要晾置于卫生间内。

穿着衣物须透气，不要连续穿着连裤袜或紧身牛仔裤。

◎ 养成良好的个人习惯

大便后擦拭的方向应由前至后，避免将肛门处的念珠菌带至阴道。

在公共泳场、浴室等公共场所不要随便乱坐，公共马桶也不例外。

◎ 保持愉悦心情

请尽量保持开朗心情，因为心理原因也会降低身体免疫力，使念珠菌乘虚而入。

另外，女性在月经期间会遇到很多问题，也需要注意以下几点：

◎ 及时清洗

勤换卫生巾，每天用温热水清洗2次外阴。

选择淋浴，因为子宫内膜在月经期有无数个小伤口，

宫颈口张开，因此不要坐浴。如没有淋浴条件清洗，可以盆浴，但必须要做到“一人一盆一巾一水”。

阴部与足部要分开洗，不要洗冷水浴。

◎ 预防痛经

少吃过甜、过咸的食物，多吃蔬菜、水果、鸡肉、鱼肉，并尽量多餐；可以服用综合维生素及补充钙、钾及镁矿物质，能帮助缓解经痛。

多做运动，尤其在月经来潮前夕，多走路或从事其他适度的运动，将使缓解月经期间的不适。练习瑜伽也有缓和的作用。

多喝热水，也可在腹部放置热敷袋或热水袋保暖。保持身体暖和将加速血液循环，并松弛肌肉，尤其是痉挛及充血的骨盆部位。

不宜饮酒及进食咖啡、茶、巧克力等，酒会加重水肿现象，而咖啡因会使导致神经紧张，更加促进月经期间的不适。

动一动，美丽又健康

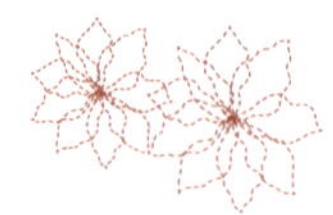

尽管时光流逝，红颜易老，但每一个女人都希望把青春无限延长，永远年轻，保持迷人的魅力。如果经常运动，能帮助女性将自己青春的时间停留的长一些。

女性运动，益处多多。调查结果显示：经常运动可以减少女性生病概率。因为，有规律地参加运动，可以加强体内的生理机能，对重要化学过程的持续运作将有保障作用。所以，经常运动的女人血压比较低，患心脏病或中风的概率就低。

另外，经常运动，体内脂肪会少，患第Ⅱ型糖尿病、骨质疏松症、乳腺癌、结肠癌的可能性比较小；经常运动会让女性更有自信，因为，合理的运动能使女性身体更加健美，并让这种良好状态保持下去，从而提高女性的自信和身体满意度；经常运动让女性的心情更好。

因为，运动能让女人从中得到快乐。在锻炼过程中，手脚互动，伸展肢体，内心的抑郁就会随之消失，愉悦之情增强。

面对运动带来的如此多的益处，可根据女性年龄的不同，来制订一些运动计划。因为，如果运动计划随着年龄的变化而作出适当调整，效果会更理想。

◎ 20岁女性的运动

20岁正是女性焕发青春魅力的年龄，可以选择一些有氧运动，有氧运动不但能预防浮肿、头痛等身体病症，而且能预防情绪郁闷、紧张等心理症状。有氧运动包括快走、有氧舞蹈、游泳、骑自行车、爬山、打球或跑步等等，这对激发青春活力、保持魅力风采将有很大帮助。

◎ 30岁女性的运动

经常运动的女性比不运动的女性骨质密度更好。尤其是参加重力训练的女性在这上面的表现更为突出。当骨骼承受一定压力的时候，就会加快造骨细胞的活动速度，从而使骨骼加强。而女性一般在进入更年期以后的5～7年里，骨质流失严重，很容易患骨质疏松症。

所以，女性进入30岁后，就应该开始保护骨质，为将来预防骨质疏松症打好基础。

因此，专家向30岁的女性提醒，为了避免骨质疏松症发生在自己身上，每周除了适量吃一些富含钙质和维生素D的食物以外，还要多参加锻炼，例如快步走、跑步或一些负重运动等。

◎ 40岁女性的运动

女人需要肌肉。因为生病时，身体可分解肌肉当做能量来源，肌肉愈多，战胜病魔的机会愈大；肌肉可保护骨骼，骨架上披挂的肌肉愈多，骨骼愈能受到保护。

从生理角度来讲，女性大约从40岁开始，一年将流失三分之一磅的肌肉，如果不运动的话，这些肌肉就会转化成相同重量甚至更多的脂肪。这个时候，你不仅有可能再也穿不下年轻时的裙子，而且对你的身体健康也造成了一定的威胁。

所以，这个年龄段的女性可选择一周做3次举重运动，新陈代谢率就可提高15%，每天可燃烧多余的300大卡热量。所以，除了简单的肌力训练外，加一些举重运动，例如举哑铃，增加肌力的效果更好。

吃出一个好身体

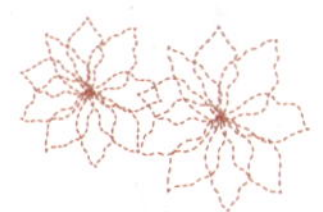

有些女性为了保持苗条的身材，热量常常摄入不足，活动量又较大，没有足够的营养及时补充，就会导致营养缺乏；还有的女性，特别是“白领”女性，由于工作节奏快，无暇顾及饮食营养，常吃快餐或方便食品，因而造成营养不平衡。这些不良的饮食习惯，对自身的身体健康十分不利。因此，要注重饮食的营养均衡，还能保证身体健康。

◎ 维生素的摄入要充足

维生素是维持生理功能的重要成分，特别是与脑和神经代谢有关。一般情况下，糙米、全麦、黄豆及新鲜蔬菜中维生素的含量较为丰富。专家建议，如果每天吃1个柑橘，或1个猕猴桃，或5粒草莓，或几颗鲜枣，就能满足一天所需的维生素C。另外，抗氧化营养素如β-胡萝卜素、维生素C、维生素E有利于提高工作效率，这类营养素也应注意补充。

◎ 加强矿物质的供给

女性在月经期，体内的铁以及钙和锌等矿物质，会伴随血红细胞的丢失而流失。因此，在月经期，女性应服用比其他时期多一些的钙、镁、锌和铁，以提高血红蛋白含量，为脑供氧，增加脑力劳动的效率。牛奶、酸奶和豆浆等食物中含有丰富矿物质，平时可多饮用。

◎ 注意补充蛋白质

工作的时候是需要用脑子的，因此补充脑神经的氨基酸供应要充足。蛋白质由多种氨基酸等组成，脑组织中的游离氨基酸含量以谷氨酸为最高，其次是牛磺酸，再就是天丙冬氨酸。牛磺酸在贝壳类食物中含量极高，谷氨酸在粮食中比较多，豆类、芝麻等含谷氨酸及天丙冬氨酸较丰富，应适当多吃。

此外，磷脂的补充对脑神经功能有重要作用，大豆和鱼类中含有丰富的磷脂。每餐都应有适量的优质蛋白食品，例如早餐有蛋、午餐有肉、晚餐有干酪或者鱼。

◎ 减少脂肪的摄入量

少吃油炸食品，防止脂肪摄入过多，导致身体超重和脂质过氧化物增加，使活动耐力降低。脂肪的摄入量标准应占总热量的20～25%。

另外，专家推荐几种对女性健康极为有利的食物，我们可常吃：

小麦，有护发的作用，可帮助预防白发、秃发，让头发闪亮健康；饼干，适量的糖能提供大脑燃料，增进你的记忆力；红薯含有丰富的维生素A，可以增进视力，预防夜盲症，而且常食红薯对皮肤有好处；番茄，一星期吃超过三次番茄可以预防呼吸系统疾病；豆腐，其中的镁能帮助预防血液凝块和高血压，豆腐也能增加人体内的钙含量；香蕉，其中富含的钾能帮助你伸展腿部肌肉和预防腿抽筋；南瓜，其中的维生素A，能降低患皮肤癌的风险。

由此看来，注重饮食的女性不仅能保证自己的身体健康，而且还能利用食物中的特殊物质，帮助自己养颜美容。所以，大家积极努力，好好利用饮食，把自己变成一个健康的饮食靓女吧！

养成良好的生活方式

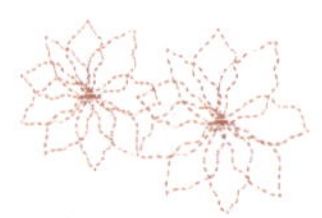

良好的生活方式，会造就一个心情愉快、身体健康、精力充沛的女性，因此，在日常生活中，一些好的生活方式，我们可以借用来健康我们的生活。

◎ 注重营养

合理调整食物结构，每天喝一杯牛奶，荤素搭配，多吃新鲜蔬菜、水果、鱼、豆类及其制品，有益于身体健康。且多吃天然食物，少吃加工食物和调味品。

◎ 适当运动

适当的运动能增强心肌收缩力，改善机体的血液循环和新陈代谢，促进胃肠蠕动，加强呼吸功能，使人保持合适的体重。每周不应低于2小时的运动锻炼，步行就是最好的选择，每天晚饭后都可散步运动。

◎ 多喝水

多喝水去毒除病。早晨空腹喝一杯水，可清洗胃肠道，预防心绞痛的发作。要养成每天晨起喝水，未渴先饮，科学喝水的好习惯。

◎ 保证睡眠

每天的睡眠要保证6～8小时，坚持早睡早起，午饭后应午睡片刻，安排一定的休闲时间，以消除大脑、身体的紧张、疲惫。

◎ 晒太阳

灿烂的阳光可驱赶烦闷心情。阳光中的紫外线，可杀死病菌，还可使人体皮肤中的脱氢胆固醇转化为维生素D，促进钙的吸收，有利于预防骨质疏松症。

◎ 昂首挺胸

昂首挺胸除了可防治颈椎病，保养脊柱，减轻驼背，姿态健美又潇洒外，还可以使肺活量增进20%至30%，助益多吸氧气、呼出二氧化碳废气，使机体组织“福利享用”到较充裕的血氧。

◎ 杜绝不良嗜好

拒绝一切有害身体的不良嗜好，戒烟、戒酒，拒绝“三高”食物，拒绝过咸、过甜的食物。

◎ 助人为乐

多帮助别人，可获取更多心理上的快乐，增进免疫力及抗病力。

◎ 交友聊天

与挚友多聊天，既增进情感，交流信息及观点，又将心底“苦衷情愫”倾倒出来，赢得挚友帮助，化解心底沉痼，使全身心获取健康“好运”。

◎ 哼曲唱歌

哼小曲或放声歌唱助益大脑逻辑与形象思维，歌唱使声带、鼻腔、胸肌均获得锻炼，显著增进肺活量。

◎ 雨中漫步

享受霏霏细雨逛街或漫步，可享受到洁净又清新的空气，雨中负氧离子多，令人心旷神怡。

辑7

魅力：女人最具有吸引力的资本

做一个有味道的女人

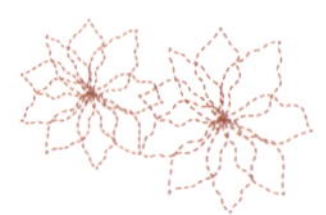

女人美丽的笑容，犹如桃花初绽，涟漪乍起，给人以温馨甜美的回忆。一个女人长得好看，如果不会笑，则给人一种呆板的印象；如果一个女人长得不仅好看，而且还很会笑，那就如同盛开的花儿有了香气，芬芳艳丽，让人看了，觉得心旷神怡。

会笑的女人，美丽迷人

白居易的《长恨歌》里有一句："天生丽质难自弃，一朝选在君王侧。回眸一笑百媚生，六宫粉黛无颜色。"这一句"回眸一笑百媚生"便是赞美杨贵妃的姿态动人，微笑之妩媚可人，说明杨贵妃不但人长得美，而且神态也美，达到了美女的极致。

最美的笑当属微笑，微笑是女人的含蓄之美，微笑如同一个女人隐藏的珍宝，轻轻巧巧地展示给人看，让人觉得留连忘返。

一个女人真诚的笑容透出的是宽容、是善意、是柔情、是善念，是作为一个女人的自信和力量。微笑给这个冷漠的世界带来了妩媚和温柔，也给人的心灵带来了阳光和感动。

羞涩的女人，风韵独存

羞涩好像是女人最理所当然的特权，白居易曾在《琵琶行》一诗中写道："千呼万唤始出来，犹抱琵琶半遮面。"写的便是女人半推半就、欲拒还迎的羞答答的美丽。女人这种羞涩的神韵，最能刺激人的丰富想象力，让人浮想联翩、着魔入迷、如醉如痴。

女人羞涩起来，脸上浮起红晕，立即会显得生动而美丽。一个羞涩的女人是可爱的，羞涩是人类最天然、最纯真的感情现象，是一种含蓄之美。康德说："羞涩是大自然的某种秘密，用来抑制放纵的欲望；它顺其自然地召唤，但永远同善与德和谐一致。"在男人看来，羞涩为女人披上了神秘的外纱，让她们变得朦胧迷离，让男人不可捉摸，继而雄性大增，爱恋不已。

女人的羞涩，在男人看来，如梦境中的月光，如水中的月亮，如迷雾中的花朵，如心头的甜蜜，女人的羞涩在促进两性关系中，有着化腐朽为神奇的力量，一个男人能拒绝任何诱惑，却很难拒绝一个羞涩的女人，因为他无法拒绝羞涩中蕴含着的力量的吸引。

优美的声音，最有女人味道

每个女人有每个女人说话声音的特点，但如果一个女人有优雅、温婉的声音，让任何人听了，则会在心里产生一种甜美的味道，那么这个女人也必定会受到大家的欢迎。

因此，要想做到声音优美，需要注意以下几种方面：

☆ 说话的音量应不高不低，过低会影响交流，过高则会让人感觉刺耳。

☆ 加强锻炼，让自己的声音听上去悦耳动听。

☆ 要控制自己说话的速度，说话的速度过快，会让对方感觉吃力，过慢则会使听者失去耐心。

☆ 如果有口头禅的话，就要设法改掉。

☆ 说话时每个字都要咬字清晰，尾音更要说清楚，这是语音甜美的基础。

☆ 注意音调的变化，抑扬顿挫，或说话时富于感情变化，形象生动，会提起对方的兴趣。

☆ 注意发音，应力求自己的声音明亮、悦耳。

善用眼神，风情万种

俗话说 :“眼睛是心灵的窗户。”而女人的眼神，则是窗户中的内容。一个女人最迷人的地方就是让人难以捕捉而又略带神秘的眼神，她的目光可以诉说女人的娇媚、温婉、含蓄、爱意、柔情……只要女人想表达什么样的感情，聪明的女人就能用她眼神表达出来。

我国很多词语都是形容女人眼神的，如“眉目传情”、“暗送秋波”、“含情脉脉”、“流波转盼”、“含嗔带怨”等，聪明的女人都会用丰富的眼神来表达自己的感情。

因此，女人在日常生活中，不妨好好利用自己的眼神。与陌生人初见，可用热情洋溢的眼神，表示友好和善意；解决事情时，可用深邃、犀利的眼神，表示思考和理智；与朋友相见，可用明亮、欢快的眼神，是胸怀坦荡和亲密无间的表现；对待爱人，则要用温柔、甜蜜的眼神，表示亲密和爱意。

同时，也要学会分辨别人的眼神，贪婪、猥琐的眼神，流露出欲望极强的本性，则需要加以提防；躲闪、游移不定的眼神，说明不诚实，需要警惕；而阴险、狡黠的眼神，则意味着对方为人狡诈，与之交往更要小心谨慎。而自己本身平时也要注意，轻蔑、傲慢的眼神，意味着鄙视，会让人心声厌烦；冷漠、冷淡的眼神，让人感觉拒人于千里之外，会让人感觉难以接近。要想成为受人欢迎的人，这些眼神最好都不要用。

另外，在与人交谈时，要注视对方的眼睛，不要不停地眨眼睛，也不要移动眼神。这表示在认真倾听对方的话语，是对对方的尊重。遇见陌生人，则不可长时间地直盯着对方，这属于失礼行为，如若上下打量人，是一种轻蔑和挑衅的表示。

举手投足尽显风雅

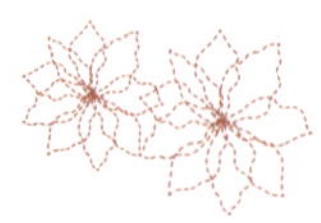

一个女人可以不漂亮，但是不能没有女人味，女人味是什么呢？女人味就是可以忽略一个女人的外貌，而感受到的是她在举手投足之间散发出的一种“只可意会，不可言传”的韵味，这种韵味就像一杯清香的绿茶，意味深远，又像是看上去淡淡的枣花，却又香气暗涌，令人回味无穷。

而这种女人特有的韵味，是从一个女人举手投足的细节来透露出来的。有人做过一个有趣的实验发现，一个女人要向外界传达完整的信息，她的语言成分只占7%，声调占38%，而剩下55%的信息却要通过肢体语言来传达。所以，如何让自己成为一个具有浓郁女人味，风雅迷人、风姿绰约，让大家喜爱的女人，那就好好的修炼你的生活细节吧！

张爱玲的文章里，曾经写道旧时女人穿裙子要掌握的细节：“家教好的姑娘，莲步姗姗，百褶裙虽不至于纹丝不动，也只限于最轻微的摇颤。不惯穿裙的小家碧玉走起路来便予人以惊风骇浪的印象。更为苛刻的是新娘的红裙，裙腰垂下一条条半寸来宽的飘带,带端系着铃。行动时只许有一点隐约的叮，像远山上宝塔上的风铃。”

生活在今天的女性，虽不至于像旧时女子那样，“莲步姗姗，百褶裙虽不至于纹丝不动，也只限于最轻微的摇颤。”那样小心翼翼地生活，但要想在任何的场合都能姿态美妙、风雅大方，就需要掌握一定的行为细节，培养很好的生活习惯。

站姿

会站的女人，挺拔如小白杨，清丽如出水芙蓉，有一种阴柔、端庄之美。经典影片《出水芙蓉》中，男主角为追求女主角，混入女芭蕾演员圈里学舞蹈，芭蕾舞教练训练男主角的站姿的时候，就要求男主角要抬头、挺胸、收腹、提臀。在现实生活中，女性美丽的站姿同样要求如此，我们在站立时，只要把握抬头、挺胸、收腹、提臀这四点，就能做一个“站”美女了。

切记，在一些的场所，千万不要将手插入裤袋或交叉在胸前，更不能下意识地做小动作，如摆弄衣角、咬手指甲等，这样做不仅有失仪态的庄重，还会给人缺乏自信、缺乏经验的印象。

坐姿

一个女人的坐姿，能显示一个女子的文化修养和内心世界。

正确的坐姿应是：上半身挺直，两肩放松，下巴向内收，脖子挺直，胸部挺起，双膝并拢，双手自然地放于双膝或椅子扶手上。如果谈话采取侧坐时，上体与腿应同时转向一侧，把双膝靠拢，脚跟靠紧。如果不是十分严肃的场合，也可以将一条腿跷起来，交叉叠放在另一条腿上，俗称“跷二郎腿”。跷“二郎腿”的方法是：将左脚微向右倾，右大腿放在左大腿上，脚尖朝向地面。

切记，坐着的时候要安静，不可把椅子弄得乒乓乱响。不要心神不定，如坐针毡，一会儿向东看，一会儿向西瞄，或是在椅子上前俯后仰，把腿架在椅子上或沙发扶手上，这些都是极不雅观的动作。另外，跷二郎腿的时候，切忌脚尖朝天。如果此时穿着短裙，则要小心盖住自己的大腿。

走姿

站好了，能给人一种静态美，而走好了，则能给人一种动态的美。一个走姿优美的女人，会给人一种自然、大方、轻盈、飘逸的感觉。行走时的正确要领是，抬头、收腹、挺胸，脚尖应向着正前方，脚跟先落地，脚掌紧跟着落地。

切记，行走时尽量走直线，且勿东倒西歪，或者走起路来两只脚在路面上拖得沙沙作响；落脚要轻，不可“砰砰”作响；要挺胸抬头，不可胸驼背；不可过快，也不可慢吞吞，应不快不慢，节奏适中。

拾取地上的东西

我们常常看到有些女性，东西掉在地上后，慌张匆忙地弯腰低头屁股翘得高高地去捡拾，动作极其不够雅观。尤其是如果穿的是短裙，这样的动作就容易“春光外泄”。电影《律政佳人》中女主角就教给大家一个女性靠弯腰捡拾东西来吸引自己心仪男人的绝招，值得我们学习。

因此，当我们的东西掉到地上，需要捡拾时：站在所取物品的旁边，先要屈膝，然后慢慢地把腰部低下，两腿合力支撑身体，掌握好身体的重心，臀部向下，然后快速地把掉在地上的东西捡起来。

切记，捡拾东西时不要低头，也不要弓背，动作要舒展自然。

上下楼梯

生活在都市的女性，每天都会上楼或下楼，常常被女性所忽略，其实，一个女人在上楼和下楼之间，最能显示女性的姿态。如果看过王家卫拍摄的电影《花样年华》的人，肯定不会忘记张曼玉扮演的女主角，她身穿旗袍，头发高高挽起，缓缓地从楼梯上走下来，身材的曲线随着她每往前跨一步就自然地张扬一下，那种高贵和优雅，韵致和风情，连女人看了都会不禁迷恋不已。

生活中，只要掌握上、下楼的细节，你也可以做到像她那样优雅迷人：首先，上、下楼梯最关键的是背部要挺直。其次，头要抬高，臀部要收，可以把手轻轻放在扶手上，步伐要缓，不紧不慢的。

切记，把楼梯踩得咚咚响，风风火火上下楼的女性，是没有任何风情可言的。

上下汽车

在很多的电影里，女主角出场的时候，你常常会看到一个这样的场景：一双修长的美腿，缓缓从车里伸出来，轻轻落在地上，然后，镜头才会缓缓落在她的脸上，不管她的脸长得是否美艳绝伦，但她这个下车的姿势，已经把你给深深地打动了。

所以，当你下车的时候，也要掌握一定的要诀，给人留下美好的印象：上车时要侧身进入，切不可让头先进。下车时也应侧身而下，脚先伸出车门，头部随着伸出去，之后立即站直，动作连贯才显得漂亮。

切记，当有人为你打开车门，你却先低头进车，再把双腿轮流跨进，而臀部还留在车外，你的姿势就很不雅观；在下车时，如果脚还没落下，头和身子就急匆匆地探出来了，这种样子就像从车子里逃离一样，显得狼狈不堪。

着装让你与众不同

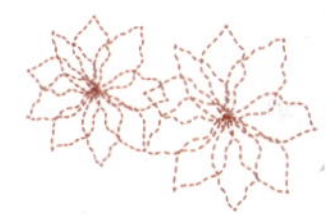

美国小说家马克·吐温曾经说过："着装成就人。什么都不穿的人对社会的影响力小到没有。"由此可以看出，着装对一个人的影响有多大。

相信大家都有这样的体验，在某个场合，看到一位女性，穿着得体，光彩照人，你会强烈地感觉到她身上优雅女人味道，这种魅力引来百分之百的回头率……所以，如何让自己穿着得体，具有优雅迷人的女人味道，是每个女性的必修课。

◎ 挑选衣服的诀窍

每个女人只要学会如何挑选适合自己的衣服，就能达到以上提到的女性的效果。挑选衣服的时候，可以从四个方面来考虑：

颜色。这是在挑选衣服时第一考虑的因素，只有适合的颜色才能让你看上去皮肤靓丽，妩媚动人，反之，会让你看上去皮肤暗淡，精神疲惫。

面料。舒适是首选，其次讲究漂亮，像天然的丝绸、羊毛、棉、羊绒等，这些都是理想质料，既漂亮又舒服。

款式。款式很重要，一个再美的美女，穿着过时的服装，都会将自己的美丽打折扣。

剪裁。剪裁完全合身的衣服，才能塑造出完美的体型，让你能够举止得体，优雅迷人。

◎ 装饰品的搭配

你在衣柜里准备三种衣服，休闲装、职业装和特殊场合的着装，这样就能以不变应万变了。有了这些衣服，下一步就要挑选相应装饰品以供搭配。

包

包是女性饰品中最重要的一个，因为你总是将它随身携带，一天会打开它很多次，人人都会注意到它。所以，设计精美、质量上乘的手提包，应该是你的首选。

另外一点，要注重包的实用性。因此，买包的时候，要清楚它的用途是什么。如果是用于日常工作，可选择中等大小、有拉链、有夹层的；晚宴用的包，要选择那些至少能放化妆品、手机和钥匙等的手提包；如果是用于旅游，那就一定要大、轻、并且分为很多格、容易找得到想要的东西、并且可以准备一个腰包，用它来放最贵重的东西。

鞋子

每个女人都很难抵抗漂亮鞋子的诱惑，但是一般情况下，最常穿的还是那么几双。在挑选鞋子的时候，不能光看漂亮，还要考虑跟衣服的搭配，否则为了一双漂亮鞋子，到处去找一身合适配的衣服，这不是一个很理智的选择。

选择5厘米跟的鞋子不仅是穿着最舒适的高度，还会将你的双腿变得修长。参加晚宴或出席特殊场合时，金色、银色、红色或黑色丝质高跟鞋搭配上金银首饰，一下子就能显出华贵的气质。另外，在休闲的周末或工作之余，几双舒适的散步鞋或运动时穿的运动鞋也要常备。

眼镜

眼镜会是面部最重要的装饰品，要想跟上潮流的最快方法，就是选择一副款式和颜色都非常时尚，并且适合自己脸形的眼镜。同时要注意，选择眼镜的时候，颜色要跟你的穿着及首饰相配，还要记得配上相同颜色的唇膏。

围巾与披肩

围巾的用途广泛，它能有效地为服装增添光彩。颜色是选择围巾的首要考虑因素，最好选择与自己肤色相匹配的围巾，这样能衬托出你的肤色。另外，漂亮实用也是考虑的因素，在春秋季，披肩是绝佳的外套替代品，在寒冷的冬天，一件披肩能为你带来一份温暖。

帽子

帽子除了夏天可以防晒外，一顶漂亮的帽子也会为你增色不少。选择帽子时，不仅要考虑到帽子与整套服装的搭配效果，还要考虑你的脸形和体形，让它们保持和谐统一才能实现最佳效果。

首饰

一个女性缺少了首饰与配件，照片就少了些生气。首饰不仅可以用来装饰自己，你还可以借助它来创造自己独特的个人风格。

耳环：有耳环的着装才算是完整的搭配，这样才能让你显得“穿着得体”。平时，戴一对耳环，可以让一套简单、严谨的职业装立刻变得生动起来；出席晚会或特殊场合，耳环应选择钻石或珍珠做的、圆圈或是长长的悬垂型的、有闪光的那种。

戒指：戒指戴法的意义一定要知道，戴在左手无名指，表示已经订婚或结婚；戴在左手中指，正在恋爱；戴在左手小指，表示独身；戴在左手食指，想结婚，表示未婚。

项链：项链的使用会增加服装的新活力，同一件衣服，不同的项链就会搭配出不同的味道。

胸针：珍珠胸针适合职业装扮，而红宝石、钻石、人造钻石则是晚宴的最佳选择。

美丽肌肤是保养出来的

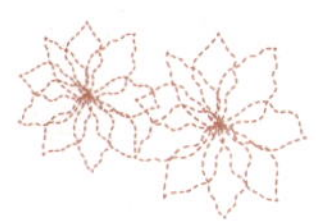

肌肤是判断女人外在美的一个重要标准，一个拥有细腻如丝、紧致光滑、柔嫩亮丽的肌肤的女人，定能有优雅迷人、青春如初的气质。

我国古代的诗歌里，形容美女的诗词，很多提到美女的肌肤，如“冰肌玉骨”、“肤如凝脂”、“香肌玉肤”、“面如敷粉”、“肤若冰肌”等，还有诗歌如杜甫的《丽人行》：“态浓意远淑且真，肌理细腻骨肉匀。”王维的《洛阳女儿行》：“谁怜越女颜如玉，贫贱江头自浣纱。”由此可见，肌肤对于一个完美女人的重要性。

但是，岁月短暂，红颜易逝，再美丽的肌肤都会衰老。一个完美的女人，懂得如何保养自己的肌肤，就显得尤为重要。

完美女人保养肌肤第一步：洁面

脸是女人的招牌，洁净无垢的肌肤，是塑造美丽容颜的基础。拥有干净透明的肌肤，既可以帮助肌肤充分吸收后续护理品的营养，又能使彩妆更为上色，更显明艳动人。所以，如何洁面，是女人护肤的第一步，也是最为关键的一步。所以，在洁面时，要用无名指和中指蘸卸妆水或洗面奶，在脸部从里向外画圈，轻轻按摩清洗。化妆前要洁面，卸妆后的洁面也非常重要，卸妆时洁面不能选用普通的洗面奶，而是要选用卸妆水。用卸妆水洁面则能进一步清除残留在肌肤表面的尘垢、汗渍和脱落的角质，让肌肤真正处于洁净无负担的清爽状态。

完美女人保养肌肤第二步：去角质

由于皮肤新陈代谢的原因，如果老死的角质不正确去除，皮肤就很容易产生暗沉的肤色，并且会干燥、紧绷导致皮肤变得暗淡无光。如果能够安全地让肌肤表面的老化角质顺利脱落，对于肌肤光泽的表现，肤色的呈现，以及肤质的细嫩度，都有绝佳的帮助。

目前市场上关于去角质的产品很多，有的将去角质功能注入洁面的过程中，像含有BHA酸的活肤洗面奶、净白露、洁肤棉等；有的是在护肤乳中含有不同类型的酸，如含有果酸的产品、含有水杨酸的产品等。可以根据自己的皮肤选择使用，也要根据皮肤选择时间间隔，大概一周一次即可。

完美女人保养肌肤第三步：柔肤

柔软水一般在洁面之后使用，柔软水即平常我们所看到的柔肤水、保湿水、爽肤水，虽然叫法不同，但作用都相似，就是以保湿为主要目的，促进肌肤吸收营养的护肤品。

在选择柔软水的时候应注意，应根据不同性质的肌肤选择不同功能的柔软水。中性皮肤属于健康型的，所以选择普通的柔软水即可。而干性皮肤者应选择不含酒精的柔肤水。混合性和油性皮肤的人应挑选含酒精的柔肤水。那会使她们经常出油的肌肤变得清爽、舒适。

完美女人保养肌肤第四步：保湿

保湿乳的使用应根据自己的肤质和自己生活的环境选择。保湿产品有很多种，有水包油的，也有油包水的。有些保湿品需要吸收外界的水分来达到保湿效果，而有些则是要以水结合成为水合性保湿，不同性质的保湿剂在不同的环境下其保湿作用也不相同。

需要注意的一点是，在寒冷干燥的北方地区，尽量不要选择以吸收外界水分来达到保湿效果的保湿乳霜，那样不仅不能使皮肤达到保湿的效果，反而变得更加干燥。

完美女人保养肌肤第五步：防晒

紫外线是健康肌肤的最大杀手。很多人认为，防晒只是盛夏炎炎烈日下应该做的事情，如果过了夏天，没有骄阳的季节就不必再使用防晒霜。其实，即使没有了炎炎烈日，阳光中的紫外线却不会减少，所以涂抹防晒霜应该是护肤中必不可少的一步。

完美女人保养肌肤第六步：洁体

要保持皮肤汗腺和皮脂腺分泌的畅通，皮肤不清洁，堵塞毛孔，皮肤膜就得不到新陈代谢，就会使皮肤失去滋润和光滑。洁体的方法有多种：摩擦淋浴，先在手掌上擦上肥皂，然后摩擦脸和肢体和皮肤，摩擦方向以自下而上进行，这样能促进血液循环，增强皮肤的呼吸能力；浸浴清洗，浸泡在温度为40～42度的高温热水中，能使皮肤得到充分的运动，对皮肤有镇痛和兴奋作用，微温的如34～37度，则有利于皮肤的休息和解除疲劳，如果冷水浸泡对皮肤有收敛的作用；发汗清洗，用蒸汽浴发汗，可清除堵住在毛孔中的脏物，促进汗腺和皮脂腺的分泌，可有效防止皮肤疾病。

爱读书的女人最有魅力

一个女人想具有高远的见识、高尚的情致、细腻的情感、优雅的谈吐、深沉的气质是非读书不可的。淡泊以明志，宁静以致远。读书不仅能为人生带来了最美妙时光，而且，读书还能帮助她达到“气自华”的境界。

在女人的一生中，会发生很多事情，有时，一本书能够影响到一个人的整个人生。当代许多成功女人，在回顾自己的成长道路时，也常常将人生一些最真诚、最辉煌的瞬间与一本或几本好书连结在一起。一本好书能够给予一个人最初的人生启蒙，甚至产生终生的影响。

法国当代著名作家和戏剧家弗朗索瓦·萨冈，曾满怀感激之情地回顾加缪的《反抗的人》一书对她的影响。

在萨冈14岁的时候，她亲眼目睹了一个与自己年龄相仿的小女孩的夭亡，她一时无法原谅上帝竟然允许这样的事情发生，因而不再信仰上帝，陷入可怕的精神危机当中。

就在这时，萨冈读到了加缪的《反抗的人》，受到启发，发现了一个新的精神世界：尽管没有上帝了，但是还有“人”，你不用信仰上帝，却必须信仰你自己，相信人类的天性，相信人类能够主宰自己的命运。

于是，萨冈重建了一个崭新的精神世界，建立了自己的信仰。并且，她意识到文学的神圣意义与崇高使命，并在日后坚定地选择了文学创作之路，决心以此帮助那些在人生之旅中迷惘、焦虑的人们，帮助它们飞越精神的荒原与藩篱。

也许读书对于名人来说是一种醍醐灌顶的启发，一种精神的历练和指引，有非同小可的作用。同时，对于普通女人而言，读书也是一种良好的修身养性方法，可以愉悦身心，陶冶情操。喜爱读书的女人，她会源源不断地吸取书里的好思想、好品德。久而久之，一种优雅的气质便流露出来。随着这种影响的加深，她们的谈吐言行，大方而不失幽默，举止风度，端庄而不显轻佻。

罗曼·罗兰曾劝导女人，多读些书吧，读些好书，知识是唯一的美容佳品，书是女人永远不会落伍的时装和永久的护肤品，它不但会保护女人的皮肤“颜如玉”，还能滋养女人的身心“气自华”，促使女人进行内外兼修。

常读书的女人，即使衣着普通，素面朝天地走在花红柳绿、浓妆艳抹的女人丛中，也会格外引人注目。她们与众不同的是她们不施脂粉，却散发优雅淡泊、超然洒脱、气度不凡、柔美恬静、细腻温婉、风姿绰约、才思敏捷的气质和修养，浑身浓浓的书卷味儿，是“腹有诗书气自华”真正的美丽。

书是女人最忠贞的情人，它不离不弃，始终如一，永远都在奉献，从不索取回报。它带给女人灵魂的滋养和精神的内蕴，可以抵挡岁月的淘洗。

岁月会为读书的女人带来皱纹，书却会给她带来睿智和豁达。岁月为读书的女人带来白发，书却会为她塑造内在的魅力和修养。岁月可以夺走一切，却夺不去那颗智慧、宽厚、纯真、善良而又骄傲的心，在逐渐老去的人生旅途上，读书的女人会走得更加从容，更加美丽，她的魅力却不会因岁月的淘洗而消逝，而是依旧放出耀眼的光华，也不会因岁月的深藏而依然散发出醉人的醇香。

书作为知识的载体，是人类共有的精神财富。读书使人充实，可以增加素养，改造思想，增长才能。史可以使人明智，诗可以使人灵秀，数学可以使人周密，科学使人深刻，伦理学使人庄重，逻辑修辞学使人善变。书让女人变得聪慧，变得坚韧，变得成熟。

美国前总统罗斯福的夫人曾说：“我们必须让我们的青年人养成一种能够阅读好书的习惯，这种习惯是一种宝物，值得双手捧着、看着它，别把它丢掉。”

有人计算如果一个人每天阅读15分钟，这意味着一周将读半本书，一个月读两本书，一年凑大约20本书，一生则能读1000或超过1000本的书。所以，亲爱的女性朋友，不管你每天有多忙，希望每天都能留出15分钟的阅读时间，你可以在等车的时候，也可以在地铁上，可以是在午休后，可以是下午的黄昏时候，可以是晚上入睡前的床上……养成阅读的习惯，你将受益终生。

做一名“华尔街”的女人

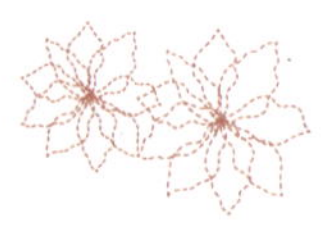

华尔街女人是所有想拥有魅力的女人必须学习的。因为她们的实力使得她们更有女人的味道，而这种味道常常是她们所具有的最大优势。

如何才能做一个横走华尔街的女人呢？以下四点必须牢牢记住：

（1）让工作与学习的界限消失。当你在从事知识性工作时，只有自己不断地学习才能有效地执行自己所从事的知识性工作。你的工作决定了你的魅力程度，而你的魅力常常靠你的实力来说话。实力是最大的魅力。如果你想做一个最具有吸引力的女人，就把自己的注意力放在如何增强自己的实力上。

持续性地学习会不断增加你的工作实力，而学以致用是学习的作用所在。如果学习仅仅是为了点缀生活，那么你的学习常常表现为无用功。因为，那根本对你的工作无法带来任何帮助。所以，学习和工作是联系在一起的，要做一个实力派魅力女人，就必须懂得如何把工作与学习的界限模糊，甚至消失。

（2）成才不必进正规院校。会读书的人永远不是死读书的人，想要成为最具有魅力的实力女人，就不要认为只有到正规院校才能学习。

想学习在任何地方都可以学习。工作中的女性很难抽出足够多的时间到正规院校中进行全日制学习，正如鲁迅先生所说："时间就像海绵里的水，只要挤总是有的"。的确如此，时间是挤出来的。做一个有实力的魅力女人就必须懂得如何利用可以利用的时间来进行学习。因为，学习无时不能，无处不能。

（3）建立学习型组织。华尔街女人常常有自己的学习型组织，她们很少孤军奋战，因为她们知道，时间是她们最宝贵的财富。怎样用更少的时间获得更高的学习效率是她们常常思考的问题，建立学习型组织是她们常选择的学习方式。

因为，她们知道，工作中相互学习、互动学习可以提高学习效率。此外相互学习还可以提高学习积极性，同时还能激发每个人的学习热情。想做一个优雅轻松的实力女人，学习型组织是你的最佳选择。

（4）学习新概念。青春无法留住，可以留住的只有我们的魅力。然而魅力不是一劳永逸的，你的魅力需要你来保持。如何才能保持自己的魅力呢？

答案是学习新观念。21世纪是一个知识更新极快的世纪，如果不持续学习，不及时掌握新的时尚观念，自己就很可能被时代远远甩在后面。所以，华尔街女人都有及时学习新观念的习惯。

常充电更魅力四射

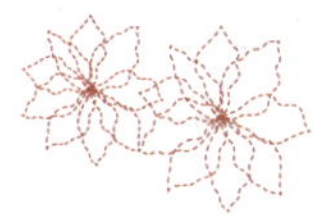

现在，中国有一所学校这样：它的办学宗旨是“培养天质女人”。它的学员是来自全国各地的女老板、女经理、高级白领女性等；它的教师是国内外一流的女性问题专家、世界500强跨国公司中国地区的女性代表、大陆和港台地区培训大师、成功学家、国内外美容、造型、色彩服饰专家。

这所学校就是大名鼎鼎的“威思丽女子高级研修学堂”。它的创办者之一就是李玲瑶。她是国际金融学博士、北大研究员、国内外多家公司的董事长、国内多所名牌高校客座教授以及一个家庭幸福的女人。当所有的称谓全都可以集中在她一人身上时，你会感慨：原来这就是天质女人。

三十多年来，李玲瑶从一个单纯的打工者，成长为一个成功的企业家，再到一个金融学家，她靠的就是对成功的坚定信念，及其不断给自己充电的精神。

学生时代的李玲瑶凭着自己那股好学上进、勇敢干练的拼劲，加上端正大方的容貌、快乐开朗的性格，受到了老师和同学们的欣赏，并被推举为台湾大学学生会主席和美国加州台大校友会主席。

毕业后，李玲瑶前往美国马里兰大学留学，她选择攻读了当时的前沿学科——计算机专业，这个选择也为她以后的成功打下了基础。获得计算机学位后，李玲瑶在硅谷做了8年的资深电脑分析员。同时，她的丈夫胡公明完成了核物理方面的深造，获得博士学位，并供职于著名的通用电气公司。

1980年，李玲瑶夫妇有了一个大胆的决定——开创自己的事业，放弃在美国的稳定工作，白手起家，这在当时也需要很大的勇气。他们利用自己的所学和特长，在硅谷创办了一家高科技公司，由于经营得当，在不到两年的时间里，就实现了自己的第一步目标，成为百万富翁。此时的李玲瑶已成长为一个真正的企业家。

1984年，李玲瑶被邀回国参加国庆35周年庆典，改革开放后中国欣欣向荣的发展使她非常兴奋，1985年开始，李玲瑶在国内陆续投资，投资领域从高科技领域扩展到房地产和进出口贸易领域，并在北京、香港等地建立了办事处，公司的业绩也节节攀升，同时她还积极说服不少在美华人来中国内地投资，为中国引进各类新技术。目前，李玲瑶在中国已经有了7家投资公司。

2000年，李玲瑶又有一个创新之举，她把战略眼光投向了高薪女性，她与著名学者温元凯合作，创办了一所专门针对女老板、女性经理人、高级白领女性、成功人士的妻子们的培训学校——北京威思丽女子高级研修学堂，专门培养女性的综合素质和气质修养。如今，威思丽女子高级研修学堂已经逐步走向全国，在南京、漳州、福州、大连、辽宁、大庆、山西等地都有了分院。短短几年间，李玲瑶打造了一个高级女性培训王国。

此时，她感觉到自己在经济理论方面的不足。于是在48岁的时候，她重新进入学校学习。每次上课时，她都会提前到达，并总是选择坐在第一排的正中间。她从来不落一次课，认认真真做每一份习题论文。在此期间，她还自学了经济学本科方面的所有课程，硕士加博士的5年，她读完了经济学9年的课程之后，她又上北大学习，并戴上了北大博士帽，而她的事业也越来越成功。

现实生活中许多女人都在追求一种“永恒”的东西，然而世界上的唯一永恒就是变化。为了不让自己被时代的车轮碾碎，想成功的女人就必须把自己当作“蓄电池”并不断给自己充电。只有不断地充实自己，掌握新知识，淘汰旧知识才是我们在激烈竞争社会的生存之道。

编辑荐语

冬天的时候会有雾，晚上不知不觉外面已下了雪。

走在街上风会很凛冽。

这样冷一下，人反而不会患感冒。

人一生要经历许多炎热的夏季和寒冷的冬季；就像麦子的成长，只要经历漫长的冬季才会茁壮成长。

我们女性的成长也是如此——每一个阶段都会如此不一样。

阅读《女人成功靠自己》，让我们明白女性最终只有自己才会让自己真正的获得自由平等与尊严，收获与喜悦；甚至女性的烦恼，焦虑也要自己一点一滴来解决。

一直坚信“物以类聚、人以群分”，如果我们自己不够优秀出色，我们怎么去指望要求别人？

愿阅读此书的女性——

我们共同成长，一起共勉。